中小学音乐教育
教学理论与改革探究

靳迎春　王　娅　著

辽宁人民出版社

图书在版编目（CIP）数据

中小学音乐教育教学理论与改革探究 / 靳迎春，王娅著 . -- 沈阳：辽宁人民出版社，2024．12. -- ISBN 978-7-205-11394-0

Ⅰ．G633.951.2

中国国家版本馆 CIP 数据核字第 20249G6B24 号

出版发行：辽宁人民出版社
　　　　　地址：沈阳市和平区十一纬路 25 号　邮编：110003
　　　　　电话：024-23284191（发行部）　024-23284304（办公室）
　　　　　http : //www.lnpph.com.cn
印　　刷：天津光之彩印刷有限公司
幅面尺寸：165mm×235mm
印　　张：12.25
字　　数：130 千字
出版时间：2024 年 12 月第 1 版
印刷时间：2024 年 12 月第 1 次印刷
责任编辑：孙姝娇
装帧设计：一诺设计
责任校对：吴艳杰
书　　号：ISBN 978-7-205-11394-0
定　　价：56.00 元

前　言

　　随着社会经济的不断发展和国家对教育事业重视程度的日益提高，音乐教育在中小学教育中的地位越来越受到关注。音乐，作为一门独特的艺术形式，以其独特的魅力，不仅有助于培养学生的审美能力、情感表达能力和创造力，而且在促进学生全面发展方面发挥着不可替代的作用。然而，面对传统的音乐教育模式，也不难发现其中存在着局限性，这使得针对音乐教育进行改革的呼声越发强烈。

　　音乐，作为一种表达情感、传递思想的艺术形式，一直以来都是人们生活的重要组成部分。它以优美的旋律、动人的节奏和丰富的音乐元素，为人们带来美的享受，激发人们的情感，开阔人们的视野。在中小学教育中，音乐教育的重要性不仅在于传授音乐知识，更在于通过欣赏音乐、学习音乐、创作音乐，学生可以更好地理解美、感受美、表达美，从而提升自己的审美水平。同时，音乐教育还能培养学生的情感表达能力，通过音乐的情感传递，帮助学生更好地理解自己、理解他人，促进人际关系的和谐发展。此外，音乐教育还能培养学生的创造力，通过音乐创作，学生可以发挥自己的想象力，挖掘自己的潜力，培养自己的创新精神。

然而，传统的音乐教育模式存在着一些局限性。首先，教学方式单一，往往是教师讲授、学生被动接受，缺乏互动性和实践性，难以激发学生的学习兴趣和主动性。其次，教学内容过于注重理论知识的传授，而忽略了音乐实践的重要性，导致学生缺乏实际操作的机会，难以将所学知识转化为实际能力。最后，评价方式过于注重分数和成绩，忽略了对学生综合素质和能力的评估，不利于学生的全面发展。

因此，为了更好地发挥音乐教育在中小学教育中的作用，促进学生全面发展，需要对音乐教育进行改革。首先，要丰富教学方式，注重学生的互动性和实践性，激发学生的学习兴趣和主动性。其次，要注重音乐实践，提供更多的实际操作机会，帮助学生将所学知识转化为实际能力。最后，要改变评价方式，注重对学生综合素质和能力的评估，鼓励学生发挥自己的特长和潜力。

目　录

第一章

音乐教育教学理论的发展历程

一、音乐教育的起源与发展

音乐教育作为一种独立的教育形式，其起源可以追溯到古希腊时期。在那个时代，音乐被视为一种重要的教育手段，人们认为音乐能够通过其独特的表达方式，传达情感、传递信息，并促进人的全面发展。因此，音乐教育不仅是一种技能的培养，更是一种人格的塑造。

在古希腊时期，音乐教育主要是为了培养公民的音乐素养，同时为宗教仪式的演唱者打下坚实的基础。当时的音乐教育并不只是单纯的音乐技能训练，而是与公民的道德、哲学和历史教育紧密相连。音乐成为一种公民教育的重要工具，它不仅能够培养公民的音乐技能，更重要的是培养他们的审美情趣、道德观念和人文素养。当时的音乐教育主要是在公民中广泛传播，以便培养能够参与宗教仪式演唱的人。这些人不仅需要掌握音乐技能，还需要理解音乐背后的文化内涵和宗教意义。通过音乐教育，公民不仅能够更好地理解和欣赏音乐，也能够更好地理解和尊重他们的文化传统。随着时间的推移，音乐教育逐渐发展成为一个系统的学科，被纳入教育体系中，成为教育体系的一个重要组成部分。这一时期的音乐教育不仅是一种技能的培养，更是一种教育理念和方法的发展。人们开始认识到音乐教育在全面发展教育中的重要性，并将其视为一种培养全面人才的重要手段。

到了中世纪，音乐教育主要在学校中进行，教堂也扮演着重要的角色。这个时期的音乐教育主要是为了培养教堂音乐家和神职人员，他们的职责是为教堂举行宗教仪式演奏音乐。这些音乐家和神职人员不仅要具备精湛的音乐技能，还要有一定的文化素养和道德修养。此外，他们还需要深入了解音乐的历史、理论和技巧，以适应教堂宗教仪式的需要。这一时期的音乐教育形式比较单一，主要以学习和演奏古典音乐为主。古典音乐在中世纪教堂中占据了主导地位，成为一种神圣的音乐形式。教堂中的音乐家和神职人员通过学习和演奏古典音乐，不仅提高了音乐技能，也加深了对宗教信仰的理解和尊重。

文艺复兴时期，人们开始重新发现古典文明和艺术的价值，音乐教育也开始面向更广泛的群体。无论是宫廷、贵族还是市民阶层，都开始关注音乐教育的发展。在这个时期，音乐学校的数量也逐步增加，越来越多的人开始学习音乐、欣赏音乐。除了教堂中的古典音乐外，文艺复兴时期的音乐教育形式更加多样化。除了古典音乐外，还出现了歌剧、交响乐等新的音乐形式。这些新的音乐形式不仅丰富了人们的精神生活，同时也促进了音乐教育的发展。同时，人们也开始重视音乐理论和作曲技巧的学习，这使得音乐教育更加系统化和专业化。在这个时期，人们也开始注重音乐的普及和教育，使得越来越多的人能够接触音乐、欣赏音乐并学习音乐。这不仅促进了音乐教育的普及和发展，也使得音乐成为一种文化现象和社会现象。

在我国，音乐教育的历史可以追溯到先秦时期。在那个时代，音乐教育主要是在宫廷和贵族中进行，主要目的是培养音乐家和文人，他们通过学习和演奏宫廷音乐来提升自己的文化素养和气质。这一时期的音乐教育形式相对单一，主要以学习和演奏宫廷音乐为主，演奏的形式和曲目都比较固定，主要是为了满足贵族们的娱乐需求。

然而，历史的变迁给音乐教育带来了许多曲折。在封建社会后期，由于政治腐败、经济落后等原因，音乐教育一度被忽视，甚至在一些地区和学校中停滞不前。这使得音乐教育的传承和发展受到了很大的影响，许多优秀的音乐传统和文化逐渐流失，音乐教育的地位和影响力也大为下降。尽管如此，音乐教育在我国的历史长河中并未消失。它一直在民间和学校中默默地传承着，尽管发展缓慢，但从未中断。

直到 20 世纪初，随着新文化运动的兴起和西方文化的传入，音乐教育逐渐恢复并逐步发展成今天的规模。这个时期是一个重要的转折点，西方音乐的传入为我国音乐教育带来了新的活力和机遇。越来越多的学校开始开设音乐课程，一些专业的音乐学校也相继成立。这些学校不仅注重培养学生的音乐技能和审美能力，同时也注重培养学生的道德品质和文化素养。一些有识之士也开始致力于音乐教育的理论研究和实践探索，他们通过深入研究和实践，为我国音乐教育的发展奠定了基础。

如今，音乐教育已经成为我国教育体系中不可或缺的一部分。它不仅存在于中小学的课堂里，也存在于大学的校园中，甚至在一些专门的音乐学院里，也有专业的音乐教育和研究。这些学校不仅注重传统的音乐教育，也注重与现代科技和艺术的结合，不断探索和创新音乐教育的形式和方法。此外，随着社会的发展和人们生活水平的提高，越来越多的人开始关注音乐教育的发展，积极参与各种形式的音乐活动和比赛。这些活动不仅丰富了人们的生活，也为音乐教育提供了更多的资源和平台。越来越多的人开始意识到音乐教育的重要性，它不仅有助于培养人的审美能力和艺术素养，也有助于提升人的道德品质和文化素养。与此同时，音乐教育也逐渐变为一种社会资源和社会责任。越来越多的政府机构和民间组织开始关注和支持音乐教育的发展，他们通过提供资金、场地、师资等资源来支持音乐教育的普及和提高。这种趋势表明，音乐教育已经成为我国教育事业的重要组成部分，也是我国文化软实力的重要体现。

二、音乐教育教学理论的影响与意义

音乐教育教学理论的发展对音乐教育的实践产生了深远的影响。从古希腊时期到今天的音乐教育，教育教学理论在不断地丰富和发展。在漫长的历史长河中，音乐教育教学的理论和实践经历了无数次的探索和演变。

音乐教育是一门注重培养人文精神的学科，它不仅是一种技能培训，更是一种艺术审美的修炼。在古代，音乐教育的目的是培养奴隶主阶级的统治人才，以满足他们对音乐的娱乐需求。然而，随着社会的进步和教育的普及，音乐教育的内涵也发生了深刻的变化。如今的音乐教育已经超越了简单的技能训练，更加注重培养学生的综合素质和情感修养。它不仅是将音符教给学生，更是通过音乐让学生发现自己内在的情感世界，认识和理解自己的身心特质。通过音乐教育，学生可以进一步拓宽自己的视野，提升自己的艺术修养，扩展自己的文化背景。

音乐教育不仅是让学生学习音乐技能，更是通过音乐的情感表达来引导学生发现和探索自己的内心世界。音乐是一门能够触动灵魂的艺术，它可以唤起人们的情感共鸣，引发他们对生活、对世界的深思。音乐教育通过提供多元化的音乐体验和表演机会，鼓励学生积极融入其中，全身心地投入音乐创作和表演中去。这种全身心的投入不仅是为了追求技巧上的精湛，更是为了培养学生的创造力和艺术表现力，让他们能够通过音乐表达自己的情感和理念。音乐教育不仅是教给学生如何演奏乐器和唱歌，更是通过音乐作品的欣赏和解读，帮助学生理解音乐背后的文化内涵。音乐还是一门传递文化的艺术，每一首音乐作品都承载着一种特定的情感和思想。通过深入理解和欣赏音乐作品，学生可以更好地了解不同文化之间的差异和相通之处，从而培养自己的跨文化理解能力和文化自信心。

音乐教育还帮助学生发展和培养情感、意志和品格。音乐作为一种情感表达方式，能够唤起人们内心深处的情感共鸣。通过演奏、创作和欣赏音乐，学生可以借助音乐来表达自己的喜怒哀乐，锻炼自己的情感表达能力和情绪管理能力。此外，音乐教育也培养学生的意志力和毅力。学生需要通过不断的练习和尝试，才能够达到音乐技巧的熟练和艺术品质的提高。在这个过程中，学生也锻炼了自己的毅力和耐力，培养了积极向上的品格。音乐教育的普及与专业化也是教育教学理论发展的一大成果。在古代，音乐教育主要集中在宫廷和贵族阶层，而随着社会的发展，音乐教育逐渐从宫廷走向了平民百姓。今天的音乐教育既有面向大众的普及教育，也有专业的音乐院校教育。这种普及与专业化的音乐教育，为我国培养了大量优秀的音乐人才，推动了我国音乐事业的繁荣发展。古代的音乐教育主要是为了满足宫廷和贵族阶层的需求。皇家艺术团和宫廷乐班是培养和传承音乐艺术的重要机构，他们的使命不仅是为宫廷活动提供背景音乐，更重要的是培养皇家乐师，传承宫廷音乐的精髓。这种音乐教育模式非常独特，只有极少数人有机会接受这样的教育，普通人难以触及这种高雅的艺术形式。然而，随着社会的发展，音乐教育逐渐开始普及，从宫廷走向了平民百姓。这一改变离不开社会的转型和人们对音乐教育的需求。现代人们开始意识到音乐教育的重要性，其能够培养孩子们的审美能力、情感表达能力和创造力。因此，音乐教育在学校和社区等公共场所开始广泛普及。然而，传统的音乐教育并不能满足所有人的需求，更高层次的音乐教育需求也开始涌现。为了满足对音乐事业专业人才的需求，音乐院校相继成立，为对音乐有专业爱好和追求的学生提供了更加系统和深入的学习机会。这些专业音乐教育机构的出现，极大地促进了音乐事业的发展。不少优秀的音乐专业学子在这些院校得到了更为专业的指导，获得了更多展示和发展的机会。正是这些优秀的音乐人才，使得我国音乐事业在国际舞台上获得了更多的认可和成就。随着科技的发展和教育的进步，音乐教育的形式和手段也在不断地创新和丰富，为音乐教育的普及和专业化提供了更多的可能性。现在，已经不再局限于传统的教室教学模式，音乐可以通过网络、移动终端等多种媒体手段进行教学和推广。这不仅为广大学生提供了更加灵活和便捷的学习方式，也为音乐教育的全面发展注入了新的活力。

音乐教育的创新与发展是教育教学理论发展的必然结果，它是教育教学领域中的一种重要手段和途径。在当今日新月异的教育背景下，音乐教育教学的改革与创新已成为教育教学理论发展的重要方向。它不仅是时代发展的必然趋势，更是教育部门和社会各界所关注的重要议题。我国音乐教育在音乐教育教学理论的指导下，经历了不断改革和创新的历程，形成了具有中国特色的音乐教育体系。这个体系的形成得益于广大音乐教育工作者的努力探索和实践以及教育部门的大力支持和指导。他们在不断的学习和交流中，逐步认识到音乐教育的特殊性和规律性，并在实践中不断创新和完善。为了更好地实现音乐教育的目标，不断探索新的教学方式和方法，不断将最新的教育理念和技术应用到音乐教育中。在这个过程中，不仅要注重传统音乐的教学，还要注重将现代音乐元素融入教学中，以培养学生的音乐创新能力和实践能力。例如，采用了现代音乐教学法，如爵士乐、布鲁斯等，这些教学法注重学生的参与和体验，有利于培养学生的音乐兴趣和创造力。此外，随着现代教育技术的发展，多媒体教学、网络教学等新型教学方式也在音乐教育中得到了广泛的应用。这些新型教学方式不仅丰富了教学手段，还为音乐教育的创新提供了更多的可能性。例如，利用多媒体技术制作音乐课件，将音乐教学与视觉、听觉等多种感官相结合，以提高教学效果。同时，还可以利用网络平台开展远程教学和在线教学，打破了时间和空间的限制，使得音乐教育更加普及和便捷。在音乐教育中，还需要注重培养学生的审美能力和人文素养。通过引导学生欣赏不同类型的音乐作品，如古典音乐、流行音乐等，帮助他们建立正确的审美观和价值观。同时，还要注重培养学生的文化素养和人文精神，通过音乐教育提高学生的综合素质和社会责任感。当然，在音乐教育的改革与创新中，也面临着一些挑战和问题。例如，如何平衡传统与现代、本土与国际的音乐教育理念；如何提高教师的专业素质和教学能力；如何保障学生的音乐学习权益等。这些问题需要不断探索和实践，寻求更好的解决方案。

教育教学理论在不断发展，对音乐教育的内涵和形式进行了丰富和扩展。这些理论不断壮大，为音乐教育的实践提供了更多的指导和方法。如今，教育教学理论在我国音乐教育事业的发展中扮演着重要的角色。通过对音乐教育的深入研究和探索，这些理论不仅改善了教学效果，也打破了传统的教学方式，引入了更多创新和实践的元素。通过理论指导的实践，音乐教育变得更加灵活多样，培养了许多具有创造力和才华的音乐人才。同时，这些教育教学理论也对我国文化事业的发展起到了积极的推动作用。音乐作为中国传统文化的重要组成部分，其发展与保护都直接关系到国家文化自信的提升。教育教学理论通过研究和实践，为传承和弘扬优秀音乐文化提供了坚实的基础。它们为音乐创作、表演、教育等方面的发展提供了新的思路和路径，促进了音乐艺术在国内外的交流与传播。在教育教学理论的指导下，音乐教育开始注重培养学生的创造力和表达能力。过去，音乐教育更加注重培养学生的技巧和技能，忽视了对学生自主发展和个性塑造的培养。而现在，教育教学理论的更新和改进，推动了音乐教育的转型和发展。教师通过引导学生进行自主创作、合作演奏等活动，提高了学生的创造力和表达能力，并且鼓励学生形成独特的音乐风格和个性。此外，教育教学理论还在音乐教育的教学方法和资源开发方面做出了很大的贡献。传统的音乐教育注重教师的讲解和演示，学生被动接受和模仿。随着教育教学理论的不断创新，教师开始注重培养学生的自主学习能力和批判性思维能力。他们鼓励学生通过实践、实验和实地考察来探索音乐的奥秘，通过互动和讨论来激发学生的思维和创意。教育教学理论的运用，使教育更加注重学生的全面发展，培养了更具有批判性思维和创新精神的音乐人才。除了在教育教学领域的应用，这些理论也对我国文化事业的发展做出了重要贡献。音乐作为一种独特的艺术形式，是文化交流和价值传递的重要媒介。通过教育教学理论的研究和应用，我国的音乐文化得到了更好的传承和发展。同时，教育教学理论的推动也促进了国内外音乐文化的交流与合作。许多国际音乐节、比赛和学术交流活动的举办，为中国音乐人才提供了更多的机会和平台。这也使得中国的音乐文化在国际上获得了更大的认可和影响力。

第二章

中小学音乐教育教学改革的现状

一、我国中小学音乐教育的现状分析

我国中小学音乐教育一直是学校教育中至关重要的一环，经过多年的发展，取得了一定的成果，但也面临着一些问题。

第一，当前我国中小学音乐教育过于注重理论知识的灌输，忽视了学生的主体性和创造性，缺乏实践性的教学方法和活动。音乐教育应该是一门让学生能够通过实践感受和理解音乐的艺术，从而培养学生的音乐素养和审美情趣。然而，在目前教育中，学生需要在钢琴或其他乐器上学习，然后模仿教材上的曲谱，在烦琐的训练中锻炼技巧，且往往只停留在乐器的使用技巧上，缺少对音乐真正的理解和体验。因此，需要提出新的课程设计，注重学生的主体性和创造性，使他们能够通过亲身实践，体会音乐背后的意义，拓展他们的思维和观察力。

第二，我国中小学音乐教育课程设置单一，缺乏多样性的选择，无法满足不同学生的需求和兴趣。音乐是一门丰富多彩的艺术，涵盖了多种风格和流派以及不同的乐器演奏形式。然而，当前的音乐教育课程仍然以传统的中国音乐为主导，缺乏对西方音乐、世界音乐以及其他类型音乐的介绍和教育。缺乏多样化的音乐教育课程限制了学生对不同音乐形式的了解和兴趣培养。应该优化音乐教育课程设置，引入更多元化的内容，比如音乐欣赏、合唱、管弦乐队等，让学生有更多的选择权和接触不同类型音乐的机会。

第三，目前的教材内容在时代发展的大背景下显得有些陈旧和传统，不能激发学生的学习兴趣和动力。教材作为中小学音乐教育的基础，应该是引领学生走向音乐世界的桥梁。然而，当前的教材仍然停留在对理论知识和传统作品的介绍上，无法满足学生对音乐多元化和新颖性的追求。需要更新教材，根据时代的变化和学生的需求，引入更多现代音乐和跨文化的音乐作品，让学生在学习中能够感受到音乐的魅力和时代的变革。

第四，师资力量不足和教育资源不均等也是制约中小学音乐教育发展的问题。目前，中小学音乐教师队伍普遍存在着缺乏专业知识和教育技能的情况。很多音乐教师仅限于传授理论知识和技巧，缺乏对音乐教育价值和教学方法的深入理解。一些地区由于教育资源的不均衡分配，音乐教育的硬件设施和学习条件受到一定的限制。需要加强对音乐教师的专业培训、提高他们的教育素养，同时，还应该加大对中小学音乐教育的投入，改善学校的教育资源，并增加音乐教育硬件设施的配备。

二、国内外音乐教育改革的典型案例

随着时代的进步和社会的发展，音乐教育也在不断地进行改革和创新。国内外都有一些音乐教育改革的成功案例，这些案例可以为我国中小学音乐教育提供宝贵的经验。

从国内的角度来看，中国音乐学院音乐教育系提出了一种独特的"功能综合型"音乐教育思想。这种思想的核心在于强调音乐教育的多元化，并注重对学生综合素质的培养。他们认为，音乐教育不仅是一种单纯的学习音乐知识的过程，更是一种全面提升学生审美能力、创造力和合作精神的重要途径。因此，他们尝试将不同类型和风格的音乐元素融合在一起，形成一种综合性的音乐教育模式。这种"功能综合型"音乐教育思想并不是简单地堆砌各种音乐元素，而是有意识地寻找不同音乐元素之间的内在联系，将它们有机地融合在一起，形成一种独特的音乐表达方式。这种表达方式不仅有助于学生更好地理解和欣赏各种音乐元素，而且还有助于培养学生的创新思维和审美能力。同时，他们还注重对学生音乐表演能力的培养，通过组织各种形式的音乐表演活动，让学生亲身参与其中，锻炼他们的表演能力和自信心。这种实践性的教学方式不仅有助于学生更好地理解和掌握音乐知识，而且还有助于培养学生的团队合作精神和人际交往能力。

广东省音乐教育改革试点工程也推出了一种"高中生音乐素质教育"课程。这种课程突破了传统的教学模式，注重培养学生的音乐表演能力和艺术修养。他们引入了现代化的教学手段和技术，如数字化音乐制作、虚拟演播室等，让学生更加直观地了解和学习音乐知识。这种教学方式不仅有助于学生更好地理解和欣赏各种音乐元素，而且还有助于培养学生的现代科技素养和创新能力。他们还注重培养学生的音乐欣赏能力，通过组织各种形式的音乐欣赏活动，让学生更好地领略音乐的魅力。这些活动不仅有助于学生更好地理解和欣赏各种音乐作品，而且还有助于培养学生的文化素养和审美能力。此外，他们还注重将音乐教育与文化、历史、社会等其他领域相结合，通过开展各种形式的文化交流和社会实践活动，让学生更好地了解和认识音乐的社会价值和意义。这些实践活动不仅有助于学生更好地理解和掌握音乐知识，而且还有助于培养学生的社会责任感和人文素养。

除了国内的音乐教育改革案例，国外也有很多值得借鉴的音乐教育实践，这些实践为音乐教育改革提供了有益的参考和启示。以芬兰为例，他们的音乐教育以培养学生的音乐素养和创造性为目标，这种教育理念非常值得借鉴。

首先，芬兰非常注重培养学生的听力感知能力。他们认为，音乐是听觉的艺术，培养学生的听力感知能力是音乐教育的核心。为此，他们组织各种形式的音乐实践活动，如合唱团、器乐演奏等，让学生亲身参与其中，锻炼他们的音乐技能和表演能力。这种实践性的教学方式不仅有助于学生更好地理解和掌握音乐知识，而且还有助于培养学生的团队合作精神和人际交往能力。其次，芬兰的音乐教育注重音乐教育的普及性和多元性。他们鼓励学生在不同的文化背景下学习和欣赏音乐，这有助于学生更好地理解和欣赏各种音乐作品，同时也能够培养他们的文化素养和审美能力。最后，芬兰的音乐教育还注重音乐的多元性，鼓励学生在学习不同类型和风格的音乐时，注重音乐的多样性和包容性。

除了芬兰，瑞典也有很多值得借鉴的音乐教育实践。瑞典的音乐教育以让每个学生发现自己的音乐才华和兴趣为核心。他们注重培养学生的个性和创造力，鼓励学生自由发展自己的音乐爱好和特长。这种个性化的教育方式有助于学生更好地了解和认识音乐，同时也能够培养他们的创新思维和审美能力。瑞典的音乐教育还注重培养学生的自信心和表演能力。他们通过组织各种形式的音乐比赛和演出活动，让学生有机会展示自己的才华和成果，同时也能够锻炼他们的表演能力和自信心。这些比赛和演出活动不仅有助于学生更好地理解和欣赏不同类型的音乐，而且还有助于培养学生的自信心和表现力。

除此之外，国外还有很多值得借鉴的音乐教育模式和方法。例如，美国的音乐教育注重培养学生的音乐创造力和批判性思维。他们通过组织各种形式的音乐创作和表演比赛，鼓励学生自由发挥自己的想象力和创造力，同时也能够培养他们的创新思维和团队合作精神。德国的音乐教育注重培养学生的音乐理论知识和技能。他们通过系统的音乐教育课程和严谨的教学方式，让学生掌握音乐的基础知识和技能，这种专业化的教育方式有助于学生更好地了解和欣赏不同类型的音乐，同时也能够培养他们的专业素养和技术能力。

三、中小学音乐教育教学改革的迫切性与必要性

中小学音乐教育的改革势在必行，这一点不容忽视。在当今社会快速发展的背景下，教育改革已成为推进时代进步的驱动力，需要培养出具备实践能力和艺术修养的人才，以满足社会对多样化的迫切需求。作为艺术的一种表现形式，音乐教育必须与时俱进，更加注重培养学生对现代音乐的理解和创造能力。对传统音乐教育进行全面审视会发现，它往往只注重技巧的培养，忽视了学生的主体性和创造性。然而，现代社会迫切需要具备主动创造能力的人才，他们能够根据社会需求创作出更具创新性的音乐作品。因此，音乐教育必须更加注重学生的主体意识和创造能力的培养，

充分发掘每个学生在音乐领域的潜能，培养他们的综合素质。

　　首先，需要强调音乐教育对学生主体意识的培养。传统音乐教育常常让学生被动接受音乐知识和技巧训练，缺乏思考和表达的机会。然而，培养学生的主体意识意味着要让他们成为学习的主导者，让他们主动探索和思考音乐的内涵与表达方式。教师在教学中应该充当引导者的角色，激发学生的兴趣和热情，鼓励他们发表自己的观点和见解。通过这种互动的方式，学生可以逐渐形成自己独特的音乐思维模式，提高自己对音乐的感知和理解能力。其次，音乐教育应该注重学生创造能力的培养。传统音乐教育往往只强调学生的技术训练，而忽略了学生在音乐创作方面的潜力。然而，现代社会正迫切需要具备主动独创能力的人才，他们能够根据社会需求创作出与众不同的音乐作品。因此，音乐教育应该给学生提供更多的创作机会和平台，激发他们的创造力和想象力。例如，可以组织学生参与音乐创作比赛、编曲比赛等活动，引导他们深入了解现代音乐的风格、表达方式和创作技巧。通过这些实践活动，学生能够不断探索和创新，提高自己的音乐创作水平。音乐教育还应该注重发掘学生在音乐领域的综合素质。传统音乐教育往往只注重学生在音乐技巧方面的培养，忽视了他们在音乐品位、音乐欣赏和表演能力等方面的培养。然而，一个完整的音乐人不仅需要具备技巧过硬的演奏技能，还需要具备对音乐的深入理解和欣赏，能够用音乐表达自己的情感和思想。因此，音乐教育应该注重培养学生多元化的音乐素养，引导他们开阔音乐视野，感受不同音乐风格和文化背景下的音乐美，从而提高自己的音乐品位和表演能力。

值得注意的是，音乐教育是培养学生审美能力、情感态度和社会责任感的重要途径，这是一种技能的训练。音乐是一种艺术形式，它能够触动人的心灵，唤起情感共鸣，激发人们的创造力和想象力。通过音乐教育，学生能够培养对美的感知能力，提高审美水平，培养良好的情感态度，使其能够更好地理解、欣赏和表达音乐。音乐的力量能够引导学生体验生活中的美好，塑造他们积极向上的生活态度，培养他们的同理心和人文关怀。音乐教育不仅关注学生的技能培养，更注重培养学生的社会责任感。音乐是一种社会语言，它能够传递情感，表达思想，影响人们的行为和态度。通过音乐教育的渗透，引导学生积极参与社会实践，传递正能量，培养他们的社会责任感。音乐可以激发学生的爱国情怀，增强他们的集体荣誉感，培养他们的社会公德心。通过音乐，学生能够学会倾听、合作、尊重和理解，培养良好的人际关系和社会交往能力。

然而，目前我国中小学音乐教育的师资力量仍然不足。为了实施音乐教育教学改革，需要提高师资的专业水平和教学能力，加强对教师的培训和进修，提供更多有针对性的教育资源和支持。教师是音乐教育的实施者，他们的专业素养和教学能力能够直接影响学生的学习效果和音乐素养。因此，必须加强师资队伍建设，提升教师的音乐教育理论水平和实践能力，使他们能够更好地指导和引导学生。在音乐教育教学改革中，需要注重培养学生的音乐综合素养。音乐教育应该涵盖音乐理论、音乐实践、音乐欣赏和音乐创作等多个方面，培养学生的音乐综合素质。学生不仅需要掌握基本的音乐知识和技巧，还需要学会欣赏不同风格的音乐作品，培养音乐创作能力和音乐批评能力。通过全面的音乐教育，学生能够更好地理解音乐的魅力，发挥自己的音乐潜能，成为具有音乐素养的公民。此外，音乐教育还应该注重学生的个性化发展。每个学生都有自己的特点和潜能，音乐教育应该根据学生的个体差异，采取个性化的教学方法，激发学生的学习兴趣和积极性。教师应该关注学生的学习需求，给予他们个性化的指导和支持，帮助他们找到适合自己的学习路径。通过个性化的音乐教育，学生能够更好地发展自己的音乐才能，实现自己的音乐梦想。

为了促进中小学音乐教育教学改革，推动艺术教育的发展，还需要加强与社会各界的合作。音乐教育不仅是学校的责任，更需要政府、家庭、社会和音乐机构等多方面的支持和参与。只有通过各方的共同努力，才能为音乐教育的发展创造良好的环境和条件。首先，政府在音乐教育改革中扮演着重要的角色。政府应该加大对音乐教育的支持力度，提供更多的财政资源和政策支持。这包括增加音乐教育的投入，改善音乐教育设施，提供音乐教育器材和教学资源以及设立音乐教育基金，鼓励和支持音乐教育研究和实践。此外，政府还应该制定相应的政策，鼓励和引导社会各界参与音乐教育，为音乐教育的发展提供更多的支持和帮助。其次，学校是音乐教育的主阵地，应该加强与音乐机构和专业音乐教育机构的合作。学校可以与音乐机构共同举办音乐活动，如音乐会、音乐讲座和音乐比赛等，让学生有机会接触更多的音乐表演和音乐作品，提高他们的音乐素养和审美能力。学校还可以与专业音乐教育机构合作，引进专业的音乐教育资源和师资力量，提高学校的音乐教育水平。通过与音乐机构和专业音乐教育机构的合作，学校可以为学生提供更广阔的发展空间和资源，帮助他们更好地发展自己的音乐才能。最后，家长和社会各界也应共同关注音乐教育，为学生提供更多的音乐学习机会和艺术体验。家长是孩子音乐教育的第一任教师，他们应该积极支持孩子的音乐学习，鼓励孩子参加音乐活动和比赛，培养孩子的音乐兴趣和爱好。社会各界也可以通过设立音乐教育基金、举办音乐活动等方式，为音乐教育的发展提供支持和帮助。

第三章

中小学音乐教育教学目标的制定与实施

一、中小学音乐教育教学目标的原则与要求

（一）教育目标制定的原则

在当今这个快速发展的时代，音乐教育作为民族文化传承和艺术创新的重要途径，其教育目标的制定显得尤为关键。教育目标的制定不仅是教育活动的出发点和归宿，更是检验教育成效的重要标准。因此，必须遵循以下五大原则，确保音乐教育目标的科学性、前瞻性、整体性、层次性和动态性，从而为培养具有全面素质和创新精神的音乐人才奠定坚实基础。

第一，科学性原则。音乐教育作为人类文化传承的重要方式，对学生进行全面素质教育和审美教育具有重要作用。在音乐教育中，教育目标的制定是至关重要的环节，它关系到音乐教育质量的高低和对学生发展的影

响。因此，必须遵循科学性原则，确保音乐教育目标的合理性和可实现性。

要深入研究音乐教育的本质和规律。音乐教育不仅是教授音乐知识和技能，更重要的是激发学生的音乐兴趣，培养他们的音乐素养和审美能力。音乐教育的规律告诉我们，每个学生都有独特的音乐潜能和审美需求，教育者需要尊重学生的个性差异，创设适合学生发展的教育环境。这就要求在制定教育目标时，充分考虑学生的年龄特点、心理发展、认知水平等因素，以确保教育目标的科学性和适应性。

音乐教育与学生认知发展之间存在着密切的关联。研究表明，音乐教育对学生的认知发展具有积极的促进作用。音乐教育可以提高学生的听觉、视觉、触觉和运动协调能力，促进学生智力的发展。因此，在制定音乐教育目标时，要关注学生的认知发展水平，确保教育目标的实施能够有效地促进学生的认知成长。

要关注学生的情感体验和价值观的培养。音乐是一种情感表达的艺术，通过音乐教育，学生可以体验到不同风格的音乐作品，感受到音乐所传递的情感和价值观。在教育目标的制定中，要注重培养学生的音乐情感，引导学生正确对待音乐，培养他们的音乐审美观和价值观。在实际操作中，需要根据学生的年龄特点和认知水平，分阶段地制定音乐教育目标。对于低年级的学生，应注重培养他们对音乐的兴趣和基本技能。这个阶段的学生好奇心强、好动，可以通过有趣的音乐游戏、简单的乐器演奏等方式，激发他们的音乐兴趣，让他们在轻松愉快的氛围中学习音乐。

要注重培养学生的音乐听力和节奏感，为他们今后的音乐学习打下坚实的基础。而对于高年级的学生，可以适当提高要求，引导他们深入研究音乐理论，提高音乐素养。这个阶段的学生思维能力较强，可以通过音乐理论知识的学习、音乐作品的欣赏和分析等方式，提高他们的音乐素养。同时，还要引导学生参加各种音乐实践活动，如合唱、乐队、独奏等，让他们在实践中不断提高自己的音乐技能和表现力。

第二，前瞻性原则。在制定音乐教育目标时，教育者不能仅仅局限于眼前的现实，还要有长远的眼光，注重未来的发展。随着科技的高速发展，社会对音乐人才的需求也在不断变化。因此，教育者在设计音乐教育目标时，应该密切关注音乐教育的趋势，并预测未来社会对音乐人才的需求，以培养学生的创新思维和适应未来社会的能力。

为了实现这一目标，教育者在教学过程中不仅要传授传统的音乐知识，更要引导学生关注音乐与科技、音乐与人文之间的交叉融合，培养学生全面的素质。在传统教学基础上，教育者应该加大对科技与音乐相结合的教学力度，引导学生了解音乐技术的发展趋势，并通过实践探究新的音乐创作工具和平台。

在音乐教育中也不能忽视音乐与人文的结合。音乐作为一门艺术，与人类的情感、社会、文化密不可分。在教学中，教育者应该注重培养学生对音乐作品的感悟能力，引导他们理解音乐与社会、历史、文化等方面的联系，培养学生对音乐表达情感、传播文化的能力。为了培养学生的创新意识和综合素质，教育者可以在课堂教学中采用多元化的教学方法，例如探索性学习、合作学习、项目制作等。通过分组合作或个人项目的实践，学生可以在音乐创作、表演、演奏等方面展示自己的特长和创造力。此外，教育者还可以通过音乐节、音乐比赛等活动，为学生提供展示和交流的平台，激发他们的学习热情和自信心。

除了音乐专业知识的传授，教育者还应该注重培养学生的综合素质。音乐教育要与其他学科相互融合，提供学生跨学科的学习机会。例如，通过与美术、舞蹈、戏剧等学科的交流与合作，既能够开阔学生的艺术眼界，又能够促进学生在多个艺术领域的综合发展。此外，教育者还要注重培养学生的个性和创造力。音乐教育应该鼓励学生发展自己的个人风格和独特的创意，鼓励他们去探索各种不同的音乐风格和表达方式，培养他们的审美能力和表现力。

第三，整体性原则。整体性原则在音乐教育目标的制定中至关重要。这一原则要求教育者在设定教育目标时，全面考虑学生的知识、技能、情感、价值观等方面的发展，确保教育的全面性和综合性。音乐教育不仅是一种技能培训，它更是一种情感体验和价值引领。音乐能够触动人的内心深处，引发情感共鸣，塑造人的性格，影响人的价值观。因此，在制定教育目标时，教育者必须注重培养学生的音乐素养，提高他们的审美能力，使他们能够欣赏、理解并创造美妙的音乐。音乐教育并非孤立存在，而是与学生的整体发展密切相关。它应该与其他学科相互融合、相互促进，形成一个有机的整体。比如，历史学科中的音乐背景知识可以作为音乐教育的素材，帮助学生了解历史背景和人文环境；语文学科中的诗歌、散文等文学作品可以与音乐教育相结合，通过旋律和歌词的双重体验，提高学生的审美能力。同时，教育者还要关注学生的情感世界，了解他们的内心需求和情感变化，为他们提供正确的情感引导和价值观的树立。为了实现这一目标，教育者可以采取多种教学方法和手段。例如，教师可以定期组织音乐欣赏活动，引导学生欣赏不同风格、不同背景的音乐作品，让他们在聆听、感受、讨论的过程中，逐渐培养起对音乐的热爱和兴趣。此外，教师还可以通过讲解音乐作品的历史背景、创作特点等，让学生深入了解音乐的内涵和价值，从而培养他们的音乐审美情趣。同时，在教学过程中，教师还要注重培养学生的团队合作精神和人际交往能力，让他们在参与音乐活动的过程中，学会与人沟通、交流和合作。

第四，层次性原则。这一原则的核心思想是，学生的个体差异必须得到尊重，不同年级和水平的学生应该被赋予不同层次的音乐学习目标。每个学生都是一个独特的个体，他们具有不同的特点和潜能，这就要求教育者在教育过程中，要有一双敏锐的眼睛，能够发现并挖掘出每个学生的独特之处。音乐是人类表达情感、传递信息、交流思想的一种重要方式，每个人都有自己独特的音乐天赋。有些学生可能在音准、节奏感、乐感等方面表现出较强的天赋，他们可能在音乐表演、音乐创作、音乐理论等方面有出色的表现。对于这些学生，教育者可以适当提高他们的教育目标，引导他们深入研究音乐，鼓励他们参加各种音乐比赛、演出等活动，争取在音乐领域取得优异成绩。对于大多数学生来说，他们的音乐天赋可能没有那么突出，但他们对音乐的热爱和兴趣同样值得教育者去珍惜和培养。这些学生可能在音乐欣赏、音乐创作的基础知识等方面有较好的表现，他们可能在合唱、器乐合奏等方面有出色的表现。对于这些学生，教育者则要注重培养他们的兴趣爱好，让他们在音乐学习中感受到快乐。教育者要通过生动有趣的教学方式，让他们了解音乐的魅力，培养他们的音乐素养和审美能力。

层次性原则还要求教育工作者应当根据学生的个体差异设定不同层次的目标，为每个学生提供适合其发展的教育。只有这样，教育者才能真正做到因材施教，让每个学生的音乐天赋得到充分的发挥和展现。同时，这也需要教育者不断提高自己的教育教学水平，不断探索新的教学方法和手段，以满足不同学生的需求。同时需要注意的是，层次性原则并不意味着教育者要对所有学生采取一刀切的教学方式。相反，教育者应当鼓励和支持学生根据自己的兴趣和特长进行选择和探索。教育者应当创造一个开放、包容、多元的学习环境，让学生能够在其中自由地探索音乐的无限可能。

第五，动态性原则。在音乐教育的实践中，教育者应当深刻理解和把握一个至关重要的原则——动态性原则。这一原则指出，音乐教育目标的设定不应是静态的、僵化的，而应当是一个动态的、适应性强的过程。这意味着，教育者需要根据教学的具体情况以及学生的反馈和成长进度，不断地对教育目标进行审视和调整。教育，本质上是一个持续不断的过程，它不仅是知识的传授，更是学生个性塑造、能力培养的过程。因此，教育者必须时刻关注学生的成长变化，洞察他们的需求和困惑，及时调整教育者的教育目标和策略，以保证音乐教育的有效性和针对性。

为了更好地实施这一原则，教育者可以采取多种方式。例如，在教学过程中，教育者可以定期举办音乐会、比赛等活动。这些活动不仅为学生提供了一个展示自己才华的平台，更为教育者提供了一个了解学生的窗口。通过这些活动，教育者可以直观地看到学生的进步，理解他们的需求，发现他们的困惑，从而更加准确地调整教育者的教学目标和策略。此外，教育者还应当注重与学生的沟通。这种沟通不仅是课堂上的互动，更包括课下的交流。教育者应当鼓励学生提出问题，表达自己的想法和感受，教育者也要真诚地倾听他们的声音，把他们的反馈作为调整教学的重要依据。同时，教育者还应当注重对教学效果的评估。这包括定期的考试、考核，也包括对学生学习过程的观察和记录。通过这些评估，教育者可以对教学有一个全面的了解，从而对教学目标进行必要的调整。在这个过程中，教育者需要具备高度的教育热情和教育智慧。教育者需要有敏锐的观察力，以便及时发现学生的需求和问题；教育者需要有丰富的专业知识，以便为学生提供有效的指导；教育者还需要有强大的执行力，以便将教育者的教育理念和目标落到实处。

（二）音乐教育教学目标的要求

音乐教育教学目标不仅指引着教学的方向，而且对教师的教和学生的学产生着直接而深远的影响。那么，如何设定符合时代要求、适应学生发展的音乐教育教学目标呢？这需要深入理解和把握以下几个基本要求。

第一，教学目标应当具备明确性。教学目标应当具体而清晰，既能够被学生充分理解，又能方便教师进行评估。缺乏明确的教学目标，就像没有灯塔的夜航，既无法为学生指明学习的方向，也无法让教师对学生的进步进行准确的评价。教学目标的明确性并不仅仅是对学生而言，它同样是对教师的教学设计和教学评估的重要指导。当教学目标明确时，教师能够根据这些目标来合理规划教学内容和教学活动，确保每一个环节都能够为学生达成目标提供所需的支持和引导。例如，在进行音乐欣赏课时，如果教师将教学目标设定为"认识并理解不同音乐流派的特征"，那么在这个目标的指引下，教师就可以围绕这一核心内容来设计教学活动，如播放不同流派的音乐作品，组织学生进行比较和分析，最终通过学生的反馈和作业来评估他们是否达到了这一教学目标。在技能类课程中，如乐器演奏，明确性的教学目标同样重要。以学习一首新乐曲为例，如果教学目标设定为"学会演奏这首乐曲，并理解其音乐风格"，那么这个目标就包含了两个方面：技能掌握和理解欣赏。教师在教学过程中就需要将这两个方面有机结合起来，一方面要引导学生准确无误地掌握乐曲的演奏技巧，另一方面要帮助他们理解乐曲背后的艺术表达和情感内涵。对于学生来说，明确的教学目标为他们提供了清晰的学习方向和评估标准。在学习过程中，他们能够根据自己的实际情况来调整学习策略，确保自己能够逐步接近甚至达到教学目标。同时，这种明确性还能够激发学生的学习兴趣和动力，因为他们能够清楚地看到自己的进步和成就，体会到学习的乐趣和价值。教学评估方面，明确的教学目标让教师能够采用更加科学和系统的评价方法来衡量学生的学习成果。通过设定具体的教学目标，教师可以设计出与之相匹配的评价工具，如考试、表演、作品展示等，这些工具能够帮助教师从多个角度和层面对学生的学习情况进行全面而深入的了解。此外，明确的教学目标还有助于教师进行教学反思和调整。在教学结束后，教师可以根据学生达成目标的情况来分析教学效果，找出其中的问题和不足，从而为下一轮的教学设计提供有益的参考和依据。

　　第二，教学目标应具备可衡量性。可衡量性是指教学目标应当具备可以量化的评价标准，这样教师就能够对学生的学习成果进行客观而准确的评价。音乐教学目标的可衡量性主要包括定量和定性两个方面。定量方面，这是指教学目标具体的数据来衡量，如考试分数、演出次数、比赛成绩等。通过这些具体的数字，教师可以直观地了解学生对知识的掌握程度、对技能的熟练程度。例如，教师可以设定一个定量目标："学生在一个月内，必须完成《小星星》的练习，并在期末考试中取得80分以上的成绩。"这样的目标就是具体的、可以量化的，教师可以通过期末考试的成绩来衡量学生是否达到了这一目标。定性方面，这是指教学目标无法通过具体的数字来衡量，但可以通过观察、访谈、录音等方式来评价学生的音乐表现和创造力。例如，教师可以设定一个定性目标："学生能够运用所学知识，创作一首自己的歌曲。"这个目标无法通过具体的数字来衡量，但教师可以通过观察学生的创作过程、听取他们的作品来评价他们是否完成这一目标。在音乐教学中，定量和定性两个方面的可衡量性都非常重要。定量方面的可衡量性可以让教师对学生学习的进度和效果有一个清晰的认识，从而更好地进行教学管理和教学调整；定性方面的可衡量性则可以更全面地评价学生的音乐能力和潜力，从而更好地促进学生音乐素质的全面发展。教师可以设定一个可衡量的教学目标："学生在一个月内，能够独立演奏《小星星》，并在期末的音乐会上表演。"这个目标既有定量的要求（独立演奏《小星星》），也有定性的要求（在音乐会上进行表演）。通过录音和现场表演，教师可以对学生的演奏进行评价，从而判断他们是否达到了这一目标。通过设定具备可衡量性的教学目标，教师可以更准确地评价学生的学习成果，从而更好地指导学生进行音乐学习。同时，这也有助于提高教师的教学效果，促进音乐教育的持续改进和发展。

第三，教学目标应具备可行性。可行性是指教学目标在实际教学中能够得以落实，同时符合学生的实际水平和教学条件。它意味着设定的目标既不过高以致难以达到，也不过低以致无法有效提升学生的音乐能力和兴趣。这是因为在音乐教学中，教学目标的设定直接影响教学效果和学生的学习体验。教师在设定教学目标时，需要充分考虑学生的年龄、兴趣、音乐基础等因素。这些因素都会影响学生对音乐的认知和理解，进而影响教学目标的实现。例如，对于小学生来说，他们的音乐基础相对较弱，更注重音乐的教育和娱乐功能，因此教学目标的设定应当以培养他们对音乐的兴趣和基本音乐技能为主。而对于初中生或高中生来说，他们已经具备了一定的音乐基础，更注重音乐的表现力和技巧性，因此教学目标的设定应当注重培养他们的音乐素养和高级技能。教师还需要确保教学目标符合现有的教学条件。教学资源的配置对于音乐教学目标的实现至关重要。例如，乐器、场地、教学时间等都是影响教学目标实现的重要因素。如果教学资源不足，即使设定了较高的教学目标，也很难在实际教学中得以落实。因此，教师在设定教学目标时，需要充分考虑现有的教学资源，确保教学目标的可行性。例如，对于一个音乐基础较弱的学生群体，教师可以将教学目标设定为"学会简单的乐理知识和打击乐器演奏"。这个目标既有一定的挑战性，又符合学生的实际水平和教学条件。在现有的教学条件下，教师可以通过简单的乐器和教学时间的调配，来实现这个目标。同时，通过这个目标的学习，学生不仅可以提高他们的音乐兴趣和技能，还可以增强他们的自信心和成就感，从而进一步激发他们对音乐学习的热情和动力。

第四，教学目标应具备相关性。教学目标应与学生的兴趣、生活经验和文化背景紧密相关。相关性是指教学目标应当能够激发学生的学习兴趣，联系他们的生活经验以及尊重他们的文化背景。音乐作为一种艺术形式，与人们的生活息息相关。在音乐教学中，教师应注重引导学生从自己的生活经验出发，探索和理解音乐作品。同时，教师还需关注学生的文化背景，尊重他们的文化差异，以提高学生的学习积极性和参与度。例如，在教授音乐时，教师可以结合中国传统节日和民俗，让学生在了解音乐的同时，更深入地感受和理解中国的传统文化。

第五，教学目标应具有一定的挑战性。这意味着教学目标应能够激发学生的学习动力和潜能，让他们在实现目标的过程中得到成长和发展。挑战性的教学目标可以通过提高教学内容的难度、鼓励学生创新和尝试新的音乐形式等方式来实现。教学目标的挑战性可以体现在教学内容的难度上。教师可以根据学生的实际能力，适度提升教学内容的难度，以激发学生的学习兴趣和求知欲。例如，在教学乐理知识时，可以从简单的音符和节奏开始，逐渐引导学生掌握更复杂的音乐理论和技巧。通过这种挑战性的教学目标，学生需要不断努力和挑战自己的能力，在实现目标的过程中提升自己的音乐水平。教学目标的挑战性还可以通过鼓励学生创新和尝试新的音乐形式来实现。音乐是一个富有创造力和想象力的艺术，应当鼓励学生思考和尝试新颖的音乐形式和表达方式。例如，教师可以设定一个挑战性的教学目标："学生能够独立创作一首小型乐曲。"这样的目标会激发学生的创新意识和创作潜能。通过这个目标的实现，学生将有机会体验音乐创作的乐趣，培养他们的艺术表达能力和创造力。在实施挑战性的教学目标时，教师需要关注学生的学习情况和能力发展，及时提供支持和指导。例如，在学生创作乐曲的过程中，教师可以引导他们了解和运用各种音乐创作技巧，并提供反馈和建议来帮助他们不断提高创作水平。挑战性的教学目标不仅能够激发学生的学习动力和潜能，还能促进他们的终身学习能力和自我发展。通过挑战性的目标，学生不仅要掌握基本的音乐知识和技能，还要发展批判性思维、合作精神和创新能力。这有助于他们在音乐领域和其他领域取得更高的成就，做出更具有影响力的贡献。

（三）目标与评价相一致的原则

在音乐教育教学过程中，教学目标与评价的一致性原则具有重要意义。这一原则要求教学目标的设定与评价方法的运用、评价标准的制定、评价过程的实施以及评价反馈的处理等方面，都应该与教学目标保持一致，以确保评价结果能够真实反映学生的学习成果，进而推动学生实现教学目标。具体要求如下：

第一，评价内容与教学目标相一致。评价内容全面涵盖音乐教学目标的各个方面，以确保评价的全面性。音乐教学目标的不同方面包括学生对音乐知识技能的掌握程度、音乐欣赏与评价的能力以及音乐创作与表演等方面的能力。因此，在进行评价的过程中，必须确保评价内容与教学目标的一致性，以便能够全面、客观地反映学生在音乐学习各个方面的成果。首先，在评价内容中应包括音乐知识技能的掌握程度。这包括学生对乐理知识、乐器演奏技巧等方面掌握程度的评价。通过评估学生对音符的辨认和演奏技巧的掌握情况，可以确定他们对音乐基础知识和技能的理解和运用程度。这样的评价能帮助教师了解学生的学习进展，并有针对性地提供进一步的指导和支持。其次，评价内容还应该涵盖音乐欣赏与评价的能力。音乐欣赏和评价是音乐教学中不可忽视的重要方面。通过评估学生对不同类型音乐的理解和欣赏能力，可以了解他们对不同音乐风格、作曲家以及音乐元素的理解程度。此外，在评价过程中，可以要求学生对一段音乐作品进行分析和评价，以便了解他们对音乐作品的感知和理解能力。这样的评价有助于提高学生的音乐欣赏能力和判断力，并促进对音乐的深入理解。最后，评价内容还应包括音乐创作与表演的能力。音乐创作和表演是培养学生创造力和表达能力的关键环节。在评价过程中，可以评估学生在音乐创作和表演方面的表现，例如创作一个简短的音乐作品或表演一首乐曲。这样的评价可以帮助学生发展他们的创造力和表达能力，并激发他们对音乐创作和表演的兴趣。

第二，评价方法与教学目标相一致。评价方法与教学目标保持高度一致，这是教育评价科学性和有效性的基本要求。音乐教学作为一种赋有艺术性和创造性的学科教学，其评价方法自然应该是多样化的，既要能够体现出音乐教学的本质特征，也要能够全面、准确地评价学生在音乐学习中的成果。首先，音乐教学目标的设定，通常涵盖了知识的传授、技能的培养、审美情感的激发和创造性思维的激发等多个方面。这就要求在评价学生的时候，不能单一地从某一个角度或某一个方面进行评价，而是要全面考虑，综合评价。例如，在评价学生的音乐理论知识时，不仅可以通过书面考试来评价学生对理论知识的理解和记忆，还可以通过学生在课堂上的讨论、分析等活动的表现来评价他们对理论知识的运用能力。其次，音乐教学目标的实现需要借助多种教学手段和方法，如表演、创作、聆听和分析等。因此，在评价学生的音乐能力时，应当采用与之相对应的评价方式，以确保评价结果的全面性和准确性。例如，在评价学生的音乐表演能力时，不仅可以组织学生举办音乐会，还可以通过录像回放、同行评价、自我评价等方式，让学生从不同角度和层面认识到自己的优势和不足，从而使他们在今后的学习中取得更大的进步。音乐教学目标的实现还要求在评价过程中，充分考虑到学生的个体差异。因为每个学生都有自己的兴趣、特长和学习风格，所以在评价他们的时候，不能采用"一刀切"的方式，而应该根据他们的特点和需要，采取个性化的评价方法。例如，对于那些在音乐创作方面有特长的学生，可以让他们展示自己的原创作品，而对于那些在音乐表演方面有特长的学生，可以让他们在舞台上展示自己的才艺。音乐教学目标的实现还需要在评价过程中注重培养学生的自我评价和反思能力。因为音乐学习不仅是一个认知过程，更是一个情感体验和创造性表达的过程，所以需要学生在学习过程中不断地反思自己的学习行为和学习成果，以便他们能够更好地调整自己的学习策略，提高学习效果。例如，可以在课堂上设置专门的反思环节，让学生分享自己的学习心得和体会，同时也可以让学生通过写日记、绘制思维导图等方式，记录自己的学习过程和成果。

第三，评价标准与教学目标相一致。评价标准是衡量学生学习成果的重要依据，而教学目标则是教师设计教学活动的指导方针。为了确保评价的公正性和合理性，评价标准必须与教学目标的要求相符。这是教育过程中一个基本而又关键的环节，它对于提高教学质量、促进学生的学习进步具有至关重要的意义。首先，评价标准与教学目标相一致可以确保评价的公正性。公正的评价是教育公平的体现，也是教育发展的基石。如果评价标准与教学目标不匹配，或者评价标准制定得不合理，就会导致评价结果失去公正性。这样，那些原本学习努力、表现优秀的学生可能会因为评价标准的不公平而受到不公正的待遇，这对于他们的学习积极性和自信心都是极大的打击。相反，如果评价标准与教学目标相一致，就能够确保评价的公正性，让每一个学生都有公平的机会展现自己的才华和能力。其次，评价标准与教学目标相一致可以提高评价的合理性。教学目标的设定是经过深思熟虑的，它涵盖了教学内容的核心要求和学生的发展需求。因此，评价标准应该与教学目标的要求相符，这样才能更好地反映学生的学习成果。在制定评价标准时，教师需要充分考虑教学目标的设定，确保评价标准能够反映教学目标的要求。只有这样，评价结果才能更好地反映学生的学习状况和进步程度，从而为教师提供更有针对性的教学反馈，促进学生的进一步发展。具体到音乐教学中，评价标准与教学目标的关系更加密切。音乐理论知识是音乐学习的基础，掌握音乐理论知识对于提高学生的音乐素养和表现能力具有至关重要的作用。因此，在制定评价标准时，可以将目标设定为要求学生熟练掌握音乐理论知识，并能够运用所学知识分析、评价音乐作品。在此基础上，评价标准可以进一步细化为：学生能否准确理解音乐理论知识的概念和原理；能否运用所学知识分析音乐作品的结构和特点；能否在实践中运用所学知识进行创作和表演。通过这样的评价标准，教师可以更好地了解学生的学习状况和进步程度，从而为今后的教学提供更有针对性的指导。最后，评价标准的制定还需要考虑到学生的个体差异。每个学生的学习能力和兴趣爱好都有所不同，因此评价标准不能"一刀切"，而应该根据学生的实际情况进行制定。对于那些在音乐方面有天赋、表现优秀的学生，可以适当提高评价标准；对于那些基础较弱、学习困难的学生，则应该注重基础知识的掌握和技能的训练，逐步提高他们的自信心和学习兴趣。这样，评价标准才能更好地反映学生的实际学习成果，促进他们的全面发展。

第四，评价过程与教学目标相一致。评价过程在教育中扮演着至关重要的角色。它不仅是对学生学习成果的衡量，更是促进学生自我认知和自我提升的关键环节。因此，评价过程与教学目标的一致性至关重要。在音乐教学过程中，教师应该注重评价过程，关注学生的学习过程和发展，并及时了解学生在音乐学习中的困难与问题，以便根据学生的实际情况调整教学策略，引导学生认识自己的不足，激发他们的学习兴趣和自信心。

首先，评价过程应贯穿整个教学过程。教育是一个系统的过程，评价与教学目标的一致性需要在整个教学过程中得到体现。评价不应仅仅是对学习结果的检验，更应关注学生的成长和发展。评价过程应该是一个动态的过程,与教学目标相辅相成。教师应该通过观察、记录、讨论等方式,及时了解学生在学习中的表现和问题,并与学生以及家长进行沟通交流,以便进一步提高学生的学习效果。只有这样,评价才能真正地促进学生的自我成长和提升,为他们的未来发展奠定良好的基础。

其次,评价过程应关注学生的学习过程。学习过程是学习结果的基础,也是学生发展的关键环节。在音乐教学中,学生除了需要掌握音乐相关的知识和技能外,更需要培养良好的学习习惯和学习能力。因此,评价过程应该关注学生的学习方法、学习态度和学习能力的发展。教师可以通过观察学生的学习态度、听取学生的学习心得和经验分享以及定期进行学习反思等方式,了解学生的学习过程,并给予及时的指导和建议。这样,学生能够更好地认识自己的学习问题和不足,提高学习效果,进一步激发学生的学习兴趣和自信心。

最后,评价过程应根据学生的实际情况进行调整和指导。每个学生都是独一无二的个体,拥有不同的学习能力和学习特点。在评价过程中,教师应该根据学生的实际情况进行个性化的指导和调整。这样能够更好地满足学生的学习需求,促进他们的全面发展。

第五,评价反馈与教学目标相一致。评价反馈不仅是对学生学习成果的反映,更是对教师教学效果的检验。为了实现教学目标,教师需要关注学生的学习成果,针对学生在音乐学习中的优点和不足,给予有针对性的评价和反馈，以帮助学生明确自己的努力方向，提高音乐学习能力。

1. 评价反馈应该与教学目标相一致。教学目标是教师设计教学活动的指导方针，它涵盖了教学内容的核心要求和学生的发展需求。因此，评价反馈应该反映教学目标的设定，以确保评价的合理性和有效性。教师需要认真观察学生在学习过程中的表现，及时记录学生的学习成果和问题，以便为今后的教学提供更有针对性的反馈。

2. 评价反馈应该提供有针对性的建议和指导。每个学生的学习能力和兴趣爱好都有所不同。对于那些在音乐方面有天赋、表现优秀的学生，教师可以给予更高层次的挑战和指导，帮助他们进一步挖掘潜力；对于那些基础较弱、学习困难的学生，则应该注重基础知识的掌握和技能的训练，逐步提高他们的自信心和学习兴趣。评价反馈应该关注学生的个体差异，根据学生的实际情况提供个性化的建议和指导，以促进学生的全面发展。具体到音乐教学中，评价反馈的作用更加突出。音乐是一门实践性很强的学科，学生需要通过不断的实践和练习来掌握音乐知识和技能。因此，教师需要及时关注学生的学习成果，针对学生在音乐学习中的优点和不足，给予及时的评价和反馈。例如，对于那些在节奏感和音准方面表现优秀的学生，教师可以鼓励他们进一步提高自己的表现力和创造力；对于那些在乐理知识方面存在困难的学生，则应该注重基础知识的掌握和训练，逐步提高他们的理解和运用能力。通过有针对性的评价和反馈，学生能够更好地了解自己的学习状况和进步程度，从而为今后的学习提供更有针对性的指导。

3.评价反馈还可以帮助学生明确自己的努力方向。学生的学习成果和问题是多方面的，教师需要及时了解学生的困难和问题，以便为学生提供有效的帮助。在评价反馈中，教师可以向学生介绍教学目标的设定和教学内容的核心要求，帮助他们明确自己的学习方向和目标。同时，教师还可以根据学生的实际情况，为他们制定个性化的学习计划和目标，以帮助他们更好地实现自己的发展目标。

二、中小学音乐教育教学目标的分层次与分类

（一）音乐技能类目标的分层次与分类

音乐技能是音乐教育的重要组成部分，它包括歌唱、演奏、表演、舞蹈等方面的技能。在中小学音乐教育教学中，音乐技能类目标可以分为三个层次：基础技能、中级技能和高级技能。

基础技能：基础技能对于每个中小学生来说是至关重要的，因为他们是每个音乐学习者的起点。基础技能包括正确的歌唱姿势、基本的歌唱技巧以及基本的演奏技巧。首先，学生需要学会正确的歌唱姿势。通过教师的示范和讲解，他们会了解如何保持正确的身体姿态和呼吸方式，以便在歌唱时能够准确地发声和控制音准。教师可以通过展示和解释不同的姿

势，如站立姿势、坐的姿势等，帮助学生找到最适合自己的姿势，并教授他们如何正确地运用这些姿势来达到最佳的歌唱效果。其次，基本的歌唱技巧是学生必须掌握的。对于中小学生来说，发声准确、音准稳定是歌唱技巧的基础。在教学过程中，教师可以通过示范来展示正确的歌唱技巧，例如如何调节声音的强度和音色、如何正确地发音和发声等。通过实践和反复练习，学生们能够逐渐掌握正确的歌唱技巧，并且能够在演唱时展示出他们的优势。再次，基本的演奏技巧在音乐学习中起着重要的作用。中小学生在学习乐器时，需要掌握一些基本的演奏技巧，从而能够准确地演奏乐曲。教师可以通过示范和讲解来教授学生如何正确地握持乐器、运用手指和手腕等技巧。学生能够逐步适应并掌握这些技巧，并且能够在演奏中展现他们的才能。要获得这些基础技能，学生需要进行不断的练习。在教学过程中，教师可以设计一些练习和活动来帮助学生巩固所学的技能。例如，针对正确的歌唱姿势，教师可以引导学生进行放松和伸展的活动，以提高他们的肢体灵活性和控制能力。对于基本的歌唱技巧，教师可以设计一些练习，例如音阶练习、发音练习等，让学生有机会在实践中不断磨砺。对于基本的演奏技巧，教师可以组织学生进行合奏或独奏，让他们有机会在音乐表演中展示他们的技巧水平。除了教师的示范和练习，学生还可以通过参加演出和比赛来提高自己的基础技能。通过演出，学生能够在真实场景中展示自己的歌唱和演奏能力，从而获得更多的经验和反馈。参加比赛能够让学生有机会与其他学生进行交流和比较，激发他们的学习动力，提高技能水平。

中级技能：中级技能是在掌握基础技能的基础上逐步发展起来的，它涵盖了较为复杂的演奏技巧、表演技巧和舞蹈技巧等方面。与基础技能相比，中级技能要求学生在技巧运用上更加高级和细致，需要更多的实践经验和教师的指导来提高。在演奏技巧方面，学生将进一步学习和掌握更复杂的演奏技巧。他们会通过更具挑战性的曲目来锻炼自己的技术水平，例如快速指法、复杂的和弦改变和音色控制等。教师应引导学生通过分解乐曲，针对其中的难点进行重点练习，帮助他们逐步完善技巧。同时，学生还将学习如何在演奏中表达更深层次的情感，通过演奏技巧的运用来传达自己对音乐的理解和感受。除了演奏技巧，表演技巧也是中级技能中的关键要素。学生将探索更多的舞台表演技巧，如舞台形象的打造、情感的表达以及与观众的互动等。教师会通过讲解和示范来教授学生如何在舞台上自信地展现自己，如何提高演唱或演奏的表现力。学生将学习如何准备和设计一场专业的音乐表演，包括服装搭配、舞台布置和灯光效果等。通过实践和教师的指导，学生们能够进一步提升自己的表演技巧，以更专业的方式呈现音乐作品。另外，舞蹈技巧也是中级技能中的重要组成部分。学生将学习更复杂的舞蹈动作和舞蹈编排技巧。教师会通过示范和练习来教授学生如何掌握更高难度的舞蹈技巧，如跳跃、转身和身体协调等。学生们将通过舞蹈训练来提高他们的形体素质和舞蹈技能，以表现出更高水平的舞蹈演出。想要进一步发展中级技能，学生们需要进行更多的实践。教师可以设计更具挑战性的练习和活动，例如要求学生演奏或演唱更复杂的乐曲，要求学生做出更高难度的舞蹈动作等。通过这些实践，学生能够不断地挑战自己，提高他们的技巧水平。同时，教师的指导也是非常重要的。教师可以提供针对学生个体需求的专业指导，针对学生的不足之处提出改进意见，帮助他们克服技巧上的难题并且逐步提高自己。通过中级技能的学习和发展，学生们能够在音乐和舞蹈领域进一步展示他们的才华和技能。他们不仅能够在演奏中展现高水平的技巧，也能够在舞蹈表演中展示出出色的身体素质。此外，他们还能够通过专业的表演技巧将音乐和舞蹈作品完美呈现给观众。

高级技能：高级技能是音乐学习中的最高层次，它需要学生具备较高的音乐素养和艺术修养，需要学生不断地探索、实践和反思。这种技能的培养需要长时间的积累和教师的精心指导，它包括对音乐的深刻理解、对音乐的创造性表达以及舞台表现力等多个方面。首先，对音乐的深刻理解是高级技能的重要组成部分。学生需要具备对音乐本质的洞察力和对音乐历史的了解，能够从不同的角度理解和欣赏音乐。他们需要学习音乐理论，了解音高、音色、节奏、和弦等基本元素，同时也要学习音乐历史和音乐文化，了解不同时期、不同风格的音乐作品。通过长期的实践和教师的指导，学生能够逐渐形成自己的音乐理解，能够从音乐中感受到更深层次的情感和意义。其次，对音乐的创造性表达是高级技能的核心。音乐不仅是模仿和再现，更是创造和创新。学生需要学习如何将内心的情感通过音乐表达出来，如何创造出独特的音乐作品。他们需要具备丰富的想象力和创造力，能够突破传统音乐的束缚，探索新的音乐形式和表达方式。教师可以通过示范和讲解，引导学生发挥自己的想象力，尝试不同的音乐元素和表现手法，鼓励他们创造出属于自己的音乐作品。此外，对音乐的舞台表现力也是高级技能中不可或缺的一部分。高级技能的学习不仅需要在教室内演奏或演唱，更需要在舞台上表现出来。学生需要学习如何掌控舞台，如何与观众互动，如何通过音乐传达情感和信息。他们需要具备丰富的情感表达和身体语言，能够在舞台上自信地展现自己，将音乐作品完美地呈现给观众。教师可以通过实践和指导，帮助学生提高舞台表现力，让他们在舞台上表现出更高的艺术水准。为了培养高级技能，学生需要通过长期的实践和教师的指导来不断提高自己的技能水平。教师可以设计各种练习和活动，例如定期的演奏或演唱比赛、音乐会排练、合作演出等，让学生有机会在不同的场景下锻炼自己的技能。这些实践活动不仅可以帮助学生巩固所学的知识，还可以让他们在实践中不断反思和总结，发现自己的不足之处并加以改进。通过长期的实践和教师的精心指导，高级技能将成为学生音乐学习中的宝贵财富。

（二）音乐知识类目标的分层次与分类

音乐知识是音乐教育的重要组成部分，它包括乐理知识、音乐史、音乐欣赏等方面的知识。在中小学音乐教育教学中，音乐知识类目标可以分为三个层次：基础知识、中级知识和高级知识。

基础知识：基础知识是音乐学习中最基本的知识，它为学生打下了坚实的基础，使他们能够更好地理解和学习其他音乐知识。基础知识包括音符的构成、音符的时值、节拍的类型以及其他基本的乐理知识。首先，学生需要掌握音符的构成。音符是音乐的基本单元，用于表示音乐中的声音。学生需要了解不同的音高（如乐谱上的 A、B、C 等），它们在乐谱上的表示形式以及它们对应的钢琴键位和各种乐器上的演奏位置。同时，学生还需了解不同的音符名称（如全音符、二分音符、四分音符等）以及它们的图形表示。其次，学生需要熟悉音符的时值。音符的时值表示了音符的持续时间，也就是音符需要演奏的时间长度。学生需要掌握不同音符时值（如全音符、二分音符、四分音符、八分音符等）所代表的时间长度以及它们在乐谱上的表示方法。这样学生才能够根据乐谱上的音符时值来准确地演奏乐曲，并与其他演奏者协调演奏。此外，学生还需要了解节拍的概念和类型。节拍是音乐中的时间单位，用来组织音符的演奏顺序和节奏感。学生需要学习各种常见的节拍类型，如二拍、三拍、四拍等，并能够根据乐谱上的节拍符号来正确地演奏乐曲。学生还需学会辨别不同的节拍感，如快速节拍、缓慢节拍等，以便更好地表达音乐的节奏感和韵律感。要掌握这些基础知识，学生需要通过学习教材和教师的讲解来加深理解。教材提供了对基础知识的系统性介绍，包括音符的图形表示、音符的时值和节拍符号的解读等。学生可以通过阅读教材，理解不同的概念和知识点，并通过乐谱和练习题来巩固所学的知识。此外，教师的讲解和指导也是非常重要的。教师可以通过讲解示范和互动练习来帮助学生理解和运用基本知识，并针对学生的疑惑和困难进行解答和指导。在学习基础知识的过程中，学生还可以通过实践来巩固所学的知识。例如，学生可以通过演奏乐曲来熟悉不同音符的时值和节拍的感觉。他们可以参加乐队或合唱团，亲身体验音符与节拍的运用，提高对音乐的感知和理解。同时，学生还可以通过创作小曲子、旋律和节奏模式来实践并应用所学的知识，培养自己的创造力和表达能力。

中级知识：中级知识是在基础知识的基础上进一步发展而来的，它涵盖了各种类型的曲式结构、音乐风格和流派等更高级的知识领域。与基础知识相比，中级知识不仅要求学生对音乐的基本概念有深入的理解，还要求学生能够将这些知识应用到实际的音乐创作和欣赏中。因此，中级知识需要学生具备一定的基础知识和理解能力，并通过教师的讲解和学生的实践来掌握。首先，中级知识涉及的曲式结构是基础知识中没有涉及的，它包括奏鸣曲式、变奏曲式、回旋曲式等。这些曲式结构是音乐作品的基本框架，它们规定了音乐作品的整体布局和各个部分的关系。学生需要了解各种曲式结构的特性和应用范围，才能更好地理解和欣赏音乐作品。教师可以通过讲解各种曲式结构的原理和实例，帮助学生建立对这些结构的认知。同时，学生还需要通过实践来掌握这些曲式结构，如进行音乐作品的分句分析、创作实践等，以提高自己的理解和应用能力。除了曲式结构，中级知识还包括音乐的风格和流派。音乐风格是指音乐作品所表现出来的独特特征，如古典音乐、爵士乐、摇滚乐等。不同的音乐风格有着不同的音乐语言、表现形式和情感表达方式。学生需要了解各种音乐风格的特点和历史背景，才能更好地欣赏和理解不同类型的音乐作品。教师可以通过讲解各种音乐风格的起源、发展过程和代表作品，帮助学生建立起对这些风格的认知。同时，学生还可以通过观看相关音乐视频、听赏各种风格的音乐作品来提高自己的感知和理解能力。在中级知识的学习过程中，学生还需要注重与其他学科的交叉融合。音乐不仅是一种艺术形式，还与其他艺术形式，如文学、绘画、戏剧等有着密切的联系。学生可以通过了解不同艺术形式之间的联系和影响，来更好地理解和欣赏音乐作品。例如，文学中的叙事结构、戏剧中的情感表达方式都可以为音乐创作和欣赏提供灵感和启示。通过跨学科的学习和研究，学生可以拓宽自己的知识面，提高自己的综合素质和创新能力。为了掌握中级知识，学生还需要积极参与实践。实践是检验知识和技能的重要途径，通过实践学生可以检验自己对知识的掌握程度和应用能力。教师可以设计各种实践项目，如音乐作品的创作、表演、评论等，让学生有机会应用所学知识来解决实际问题。在实践中，学生需要积极参与、勇于尝试、不断反思和总结，不断提高自己的实践能力和创新精神。

高级知识：高级知识是音乐学习中的最高层次，它需要学生具备较高的文化素养和艺术修养，需要学生不断地探索、实践和反思。这种知识的学习需要长时间的积累和教师的精心指导，它包括对音乐的哲学思考、对音乐的跨学科研究等多个方面，这些知识是理解和欣赏音乐的高级阶段。首先，对音乐的哲学思考是高级知识的重要组成部分。音乐不仅是艺术的一种形式，也是一种文化现象，与人类的思想、情感和历史密切相关。学生需要具备哲学思维，能够从更深层次思考音乐的意义和价值。他们需要研究不同的哲学流派和观点，了解音乐在哲学体系中的地位和作用以及音乐如何影响人类的思想和情感。通过哲学思考，学生可以更深入地理解音乐的本质和价值以及它在人类文化中的地位和作用。其次，对音乐的跨学科研究是高级知识的重要内容。音乐不仅是一种独立的艺术形式，它与其他学科有着密切的联系。学生需要研究不同学科之间的交叉和融合，探索音乐与其他学科之间的联系和影响。他们可以研究音乐与文学、历史、心理学、神经科学等学科之间的联系，了解音乐如何影响人类的思维和行为以及人类如何影响音乐的发展和演变。通过跨学科的研究，学生可以拓宽自己的知识面，提高自己的综合素质和创新能力。除了对音乐的哲学思考和对音乐的跨学科研究，高级知识还包括其他一些高级领域。例如，学生可以研究不同时期、不同风格的音乐作品，探索音乐的历史演变和发展。他们可以研究音乐理论、音乐美学、音乐心理学等学科，了解音乐的基本原理、审美标准和心理机制。这些研究可以帮助学生对音乐有更全面、更深入的了解，并能够更好地欣赏和理解不同类型的音乐作品。要掌握高级知识，学生需要通过长期的实践和教师的指导来不断提高自己的技能水平。实践是检验知识和技能的重要途径，学生可以通过演奏、创作、评论等多种方式来实践所学知识。教师可以通过示范、讲解和互动等方式来指导学生，帮助他们理解和运用高级知识。教师还需要注重学生的个体差异，根据学生的不同需求和特点进行个性化指导。有些学生可能在演奏技巧上存在不足，而有些学生可能在创造力或批判性思维上有所欠缺。教师需要通过观察和评估学生的表现，了解他们的优势和不足，然后制定针对性的训练计划和指导方案。这样能够更好地帮助学生发挥自己的潜力，培养出独具特色的音乐人才。通过长期的实践和教师的精心指导，学生可以逐步掌握高级知识，并将其应用到音乐创作和欣赏中。他们将具备更高的文化素养和艺术修养，能够在音乐领域中表现出更高的艺术水准和创造力。这将使他们在舞台上自信地展现自己，与观众产生共鸣，为音乐事业做出贡献。

（三）音乐情感类目标的分层次与分类

音乐情感是音乐教育的重要组成部分，它包括对音乐的感受、体验和表达等方面的情感。在中小学音乐教育教学中，音乐情感类目标可以分为两个层次：基本情感和高级情感。

基本情感：在学生的成长过程中，情感教育是不可或缺的一部分。尤其是在音乐教育中，基本情感的培养显得尤为重要。这些基本情感不仅包括对音乐的喜爱、对音乐的欣赏，还包括对音乐的共鸣等。这些情感的培养，需要教师的引导和学生的实践相结合，从而使学生在音乐的学习过程中，不断提高自己的情感素养。对于中小学生来说，他们对音乐的喜爱是最原始的情感。在这个阶段，学生对音乐的喜爱往往来自音乐本身的美妙旋律以及音乐所传达的愉悦情感。作为音乐教师，需要引导学生去发现音乐的美，让他们在听歌、唱歌的过程中，感受到音乐的快乐。这种喜爱，不仅可以激发学生学习音乐的兴趣，也可以使他们更容易接受音乐教育。对音乐的欣赏是中小学生应该具备的另一种基本情感。欣赏音乐，就是能够在听歌的过程中，理解歌曲的内涵，感受到歌曲所传达的情感。这种情感的培养，需要教师引导学生去深入理解歌曲，让他们在学习音乐的过程中，不断提高自己的情感理解能力。只有这样，学生才能真正体会到音乐的魅力，从而更加喜欢音乐。此外，对音乐的共鸣也是中小学生应该具备的基本情感。共鸣是指学生在听歌或唱歌的过程中，能够与歌曲产生情感上的共鸣，感受到歌曲所传达的情感。这种情感的培养，需要教师引导学生去体验歌曲，让他们在唱歌的过程中，感受到音乐的快乐，体验到音乐的情感。这样，学生才能真正理解音乐，从而更加喜欢音乐。在培养中小学生基本情感的过程中，教师的引导起着重要的作用。教师需要通过各种方式，如讲解、示范、引导等，让学生理解音乐，感受到音乐的魅力。同时，教师还需要为学生提供实践的机会，让他们在唱歌、跳舞的过程中，体验音乐的情感。这样，学生才能在音乐的学习过程中，不断提高自己的情感素养。此外，家庭和社会的支持也是中小学生基本情感培养的重要条件。家长需要鼓励孩子学习音乐，支持他们参加音乐活动，让他们在音乐的学习过程中，感受到快乐。同时，社会也需要为中小学生提供更多的音乐活动，如音乐会、音乐比赛等，让他们有机会欣赏音乐，体验音乐的情感。

高级情感：高级情感是一种较高层次的情感，是建立在学生具备一定音乐素养和艺术修养基础上的情感表达。它超越了基本的喜怒哀乐，是一种更为丰富、深刻、有创造性的情感体验。这种情感的培养，需要长期的实践和教师的精心指导，同时也需要学生具备一定的文化素养和审美能力。首先，对音乐的深刻理解是高级情感的重要组成部分。它是指学生能够透过音乐表面的形式，深入挖掘音乐所蕴含的深层意义和情感内涵。这需要学生具备敏锐的听觉、丰富的情感体验和深入的思考能力。通过长期的聆听、演奏、创作和讨论，学生能够逐渐理解音乐的本质，感受到音乐所传达的各种情感和思想，从而形成对音乐的深刻理解。其次，对音乐的创造性表达也是高级情感的重要表现。它是指学生能够在理解音乐的基础上，通过自己的创造性思维和艺术表现手法，将音乐转化为具有个人特色的艺术作品。这需要学生具备一定的艺术素养和创造力，同时也需要学生具备一定的审美能力和技术水平。通过不断的实践和探索，学生能够逐渐掌握各种音乐表达技巧，创造出具有个性和生命力的音乐作品。培养高级情感的过程，也是学生不断提高音乐素养和艺术修养的过程。在这个过程中，教师的作用至关重要。他们需要引导学生发现音乐的魅力，激发他们的学习兴趣和热情，同时也要给予他们充分的实践机会和指导。教师可以通过讲解、示范、讨论、评价等方式，帮助学生深入理解音乐，培养他们的审美能力和创造力。此外，学生自身的文化素养和审美能力也是培养高级情感的重要因素。音乐是文化的一种表现形式，它深受文化背景的影响。学生需要了解各种文化背景和音乐风格，才能更好地理解和欣赏音乐。同时，他们的审美能力也决定了他们对音乐的感知和理解程度。只有具备了一定的文化素养和审美能力，学生才能真正感受到音乐的魅力，从而培养出高级的情感表达。除了课堂上的学习，学生的课外实践也是培养高级情感的重要途径。他们可以通过参加各种音乐活动、欣赏音乐会、参加音乐比赛等方式，拓宽自己的音乐视野，提高自己的音乐素养和艺术修养。这些实践活动不仅可以增强学生的自信心和表达能力，还可以培养他们的团队协作精神和创新精神。

（四）音乐审美类目标的分层次与分类

音乐审美是音乐教育的重要组成部分，它包括对音乐的审美感受、审美体验和审美表达等方面的能力。在中小学音乐教育教学中，音乐审美类目标可以分为三个层次：初级审美、中级审美和高级审美。

初级审美：初级审美是音乐欣赏的最基本层次，它主要通过对音乐的感官感受和初步的审美体验来培养。在这个层次上，学生能够通过教师的引导和自身的实践，逐渐发展对音乐的美感和欣赏能力。这种初级审美的培养对学生音乐素养的形成和发展具有重要意义。首先，初级审美的培养需要通过聆听优美的音乐作品来实现。教师可以选择一些优秀的音乐作品，如古典音乐、民族音乐、流行音乐等，让学生有机会聆听、欣赏这些作品。通过聆听，学生可以感受到音乐的旋律、节奏和音色等基本要素，从而培养对音乐的感官感受和美感。其次，教师的引导在初级审美的培养中起着重要的作用。教师可以对音乐作品进行解读，介绍作曲家的背景和创作意图，帮助学生了解音乐作品所表达的情感和思想。同时，教师还可以引导学生进行讨论和交流，让他们表达自己对音乐的感受和理解。通过引导，学生可以逐渐深入理解音乐的美，培养出对音乐的初级审美。此外，学生的实践也是初级审美培养的重要环节。学生可以通过唱歌、演奏乐器、跳舞等方式，亲身参与到音乐中去。通过实践，学生可以更加深入地感受音乐的节奏和情感，体验到音乐带来的快乐和享受。同时，实践也是学生培养自己审美能力和艺术修养的重要途径，通过不断的实践和探索，学生能够提高自己对音乐的感知和表达能力，培养出更加丰富的初级审美。初级审美的培养不仅是教师的责任，家庭和社会的支持也是必不可少的。家长可以鼓励孩子参与音乐活动，提供音乐学习的环境和条件。他们可以陪伴孩子一起聆听音乐，一起唱歌跳舞，共同感受音乐的美妙。社会也可以提供更多的音乐教育资源，举办音乐会、音乐比赛等活动，让学生有机会接触到更多优秀的音乐作品，开阔他们的审美视野。

中级审美：中级审美是在初级审美的基础上发展起来的，它需要学生具备一定的审美能力和文化素养。与初级审美相比，中级审美更加深入和丰富，它不仅关注音乐的表面形式，更注重音乐所表达的情感和思想内涵。中级审美包括对音乐的深入理解、对音乐的情感表达等，需要学生通过长期的实践和教师的指导来培养。首先，对音乐的深入理解是中级审美的重要组成部分。在这个层次上，学生需要具备更敏锐的听觉和更深入的思考能力，能够透过音乐表面的形式，深入挖掘音乐所蕴含的深层意义和情感内涵。这需要学生通过欣赏不同类型的音乐作品，如古典音乐、民族音乐、流行音乐等，逐渐培养对不同风格音乐的感知和理解能力。通过长期的聆听和实践，学生能够逐渐感受到不同风格的音乐所表达的不同情感和思想内涵，从而形成对音乐的深入理解。其次，对音乐的情感表达也是中级审美的重要表现。它是指学生能够在理解音乐的基础上，通过自己的情感体验和创造性思维，将音乐转化为具有个人特色的艺术作品。这需要学生具备一定的艺术素养和创造力，同时也需要学生具备一定的审美能力和技术水平。通过欣赏不同类型的音乐作品，学生能够逐渐掌握各种音乐表达技巧，将个人的情感和思想融入音乐中，创造出具有个性和生命力的音乐作品。培养中级审美需要学生通过长期的实践和教师的精心指导。因此，教师的作用至关重要。他们需要引导学生发现音乐的魅力，激发他们的学习兴趣和热情，同时也要给予他们充分的实践机会和指导。教师可以通过讲解、示范、讨论、评价等方式，帮助学生深入理解音乐，培养他们的审美能力和创造力。此外，教师还需要注意培养学生的文化素养和艺术鉴赏能力，通过讲解音乐背景和艺术史相关知识，让学生了解各种文化背景和音乐风格，从而更好地理解和欣赏音乐。除了课堂上的学习，学生的课外实践也是培养中级审美的关键。他们可以通过参加各种音乐活动、欣赏音乐会、参加音乐比赛等方式，拓宽自己的音乐视野，提高自己的音乐素养和审美能力。这些实践活动不仅可以增强学生的自信心和表达能力，还可以培养他们的团队协作精神和创新精神。在实践中，学生可以与其他音乐爱好者交流并分享自己的经验和感受，互相学习和借鉴。同时，参加实践活动也可以让学生更加深入地感受音乐的情感和思想内涵，从而更好地培养自己的中级审美。此外，家庭和社会的支持也是培养中级审美的必要条件。家长需要鼓励孩子参与音乐活动，支持他们参加音乐比赛等社会活动，让他们在音乐的学习过程中感受到快乐和成就感。同时，社会也需要为中级审美提供更多的资源和机会，如提供更多的音乐教育资源、举办各种音乐比赛和文化活动等，让学生有机会接触到更多优秀的音乐作品和文化氛围，开阔他们的审美视野。

高级审美：高级审美是音乐欣赏的最高层次，它需要学生具备较高的艺术修养和文化素养。与中级审美相比，高级审美更加深入、细腻和综合，它不仅关注音乐的表面形式和情感表达，更注重音乐的哲学思考和跨学科研究。高级审美需要学生通过长期的实践和教师的指导来培养，同时也需要学生具备一定的文化素养和审美能力。首先，对音乐的哲学思考是高级审美的重要组成部分。它是指学生能够通过音乐思考哲学问题，探索音乐与生命、社会、文化等之间的关系。学生需要具备一定的哲学知识和思维能力，能够深入思考音乐所激发的情感、思想和价值观。通过学习音乐的历史、背景和作品解读，学生可以发现音乐与人类的思想、社会意识和文化观念的联系，从而形成对音乐的哲学思考。其次，对音乐的跨学科研究也是高级审美的重要内容。它是指学生能够将音乐与其他学科进行交叉研究，探索音乐与文学、艺术、心理学、社会学等学科的关系。这需要学生具备一定的跨学科知识和研究能力，能够将音乐与其他学科的理论和方法结合起来，深入探讨音乐的本质和意义。通过跨学科研究，学生可以更全面地理解音乐的艺术价值和社会意义，从而形成对音乐的综合性理解和高级审美。培养高级审美需要学生通过长期的实践和教师的精心指导来实现。教师的作用至关重要。他们需要引导学生进行哲学思考和跨学科研究，提供相关知识和思维方法的指导。教师还可以组织学生进行讨论和研究项目，促进学生在高级审美方面的成长和发展。同时，教师还应该注重培养学生的批判性思维和创新能力，通过鼓励学生提出自己的见解和观点，推动高级审美的研究和探索。此外，学生自身的文化素养和审美能力也是培养高级审美的重要因素。高级审美需要学生具备较高的文化素养，包括对不同文化和艺术形式的了解和欣赏。学生应该积极学习各种文化背景和艺术风格，通过阅读、观看、参观等方式拓宽自己的文化视野，提高自己的文化素养和审美能力。同时，学生还需要具备独立思考和批判性分析的能力，在欣赏音乐作品的过程中，能够深入挖掘音乐的内涵，形成对音乐的深刻理解和高级审美。此外，家庭和社会的支持也是培养高级审美的重要条件。家长应鼓励孩子参与各种文化和艺术活动，提供丰富多样的学习资源，如书籍、音乐会、艺术展览等，促进孩子的艺术修养和文化素养的提高。社会也应提供更多的文化交流和音乐教育资源，如举办艺术节、文化讲座、学术研讨会等活动，为学生的高级审美提供更广阔的平台和展示机会。

三、实施中小学音乐教育教学目标的具体方法与策略

（一）激发学生学习音乐的兴趣与动力

在当前的教育环境中，教师的角色已经不再局限于传统的知识传授，而是需要通过各种方式激发学生的学习兴趣，培养他们的创造力和批判性思维。音乐教育作为素质教育的重要组成部分，不仅可以帮助学生提高审美能力，还能促进他们的情感发展和个性塑造。因此，教师在音乐教学过程中，可以采取一些创新的方法和策略，以吸引学生的注意力，提高他们的学习积极性。

首先，教师可以引入一些生动有趣的教学内容，例如流行音乐和民族音乐。流行音乐作为一种大众文化，已经成为年轻人生活中不可或缺的一部分。教师可以抓住这一特点，选择一些最新的热门流行曲目，或者是学生喜欢的乐队和歌手的音乐，作为教学素材。通过这样的方式，学生可以与他们所喜爱的音乐产生共鸣，更容易被音乐吸引。例如，教师可以在课堂上播放一些流行歌手的歌曲，如周杰伦的《青花瓷》、林俊杰的《江南》等，让学生们欣赏。同时，教师还可以引导学生分析这些歌曲的音乐特点，如曲调、节奏、和声等，让他们在欣赏的同时，也能够了解和掌握音乐的基本知识。民族音乐也能为学生提供不同的音乐体验，让他们感受到来自不同文化和国家的音乐之美。我国有着丰富的民族音乐资源，教师可

以挑选一些具有代表性的民族音乐，如《茉莉花》《康定情歌》等，让学生聆听和欣赏。

教师还可以向学生介绍这些民族音乐的背景和历史，让他们了解不同民族的音乐风格和文化特点。通过引导学生去听、欣赏和了解不同民族音乐的魅力，教师可以帮助学生开阔视野，加深对音乐的理解和热爱。同时，这也有助于培养学生的文化素养和民族自豪感。教师可以创设一些实践性的音乐活动，让学生亲身体验音乐的魅力。例如，组织学生参加合唱团、乐队或者音乐比赛等活动，让他们在实践中提高音乐素养，培养团队协作能力和舞台表现力。

教师还可以利用现代科技手段，如多媒体、互联网等，为学生提供更加丰富多样的音乐学习资源。例如，教师可以引导学生利用网络资源，查找和欣赏不同类型的音乐作品，了解音乐家的生平和创作背景，从而提高他们的音乐审美能力和文化素养。教师需要关注学生的个体差异，因材施教。每个学生都有自己的兴趣和特长，教师应该充分了解学生的特点，为他们提供个性化的教育。例如，对于音乐天赋较高的学生，教师可以给予更多的指导和培养，让他们在音乐道路上走得更远；对于音乐基础较差的学生，教师则耐心辅导，帮助他们逐步提高音乐水平。

其次，教师还可以通过组织各种丰富多样的音乐活动，例如合唱和乐器演奏，以便让学生在实践中深深体会到音乐的乐趣。合唱活动可以帮助学生们学会合作并培养团队精神，通过共同的努力创造出美妙的音乐声音。乐器演奏能培养学生的音乐表达能力与技巧。通过这些音乐活动，学生不仅可以体验到音乐带来的快乐，还能够培养他们的才艺，并获得他人的认可与鼓励。举办音乐比赛和演出也是一个很好的方式，学生可以在比赛中展示自己的才艺，与他人进行交流和竞争。这样的经历不仅可以激发学生学习音乐的兴趣，也能够让他们不断提高自己的音乐技能。音乐比赛可以让学生用自己的所学去实践，展示出自己的才华。不仅如此，比赛还为学生提供了互相学习和探讨的机会，让他们从中获得不同的音乐见解和经验。同时，比赛也是一次展示平台，学生可以通过演出来展现自己的音乐魅力。演出的过程中，学生能够学会面对观众如何缓解压力和释放紧张情绪，培养自信心和表现能力。教师还可以安排学生参加音乐节或音乐营，这样的活动为学生创造了与其他音乐爱好者交流和学习的机会。通过参与音乐节或音乐营，学生将能够与来自不同地区和学校的音乐人互动，分享彼此的音乐经验和技巧。这种跨界交流不仅能够拓宽学生的音乐视野，也能够启发他们对音乐的热爱和创作灵感。参加音乐节或音乐营还可以让学生感受到音乐学习的全新环境和氛围，不仅能够提升他们的学习兴趣，还可以激发他们对音乐学习的动力。教师还可以鼓励学生参与音乐社团或校外音乐培训机构的活动。加入音乐社团可以让学生结识到更多志同道合的音乐爱好者，一起学习和创造音乐。在音乐培训机构学习，学生能够接触到专业的音乐教学和指导，提升自己的音乐水平。通过参与这些活动，学生能够与有相同爱好的人共同成长，不断挑战自我，追求音乐的卓越。

此外，除了传统教学方式外，多媒体教学手段也是激发学生对音乐学习兴趣的有效方法。教师可以借助丰富的音乐视频和音频资源，将抽象的音乐理论变得更加具体和生动。通过选择一些经典的音乐视频，教师可以引导学生观赏和分析，帮助他们更好地发现音乐中的美妙之处。这些音乐视频可以包括不同类型和风格的音乐，如古典音乐、爵士音乐、摇滚乐等，以满足学生对不同音乐类型的认识和欣赏需求。通过观看和思考音乐视频，学生可以进一步理解和欣赏不同类型的音乐作品。他们有机会通过观察音乐视频中的演奏者的表现和音乐的表现形式，来感受和体验音乐中的细节和情感。这样的学习方式有助于学生形成对音乐的直观感知并培养他们对音乐的鉴赏能力。同时，教师还可以引导学生对音乐视频进行分析，从音乐形式、调性、节奏等方面进行思考和讨论，从而丰富学生的音乐素养和表达能力。音频资源的播放也是多媒体教学中非常重要的一部分。通过播放不同风格的音乐作品，教师可以帮助学生更好地理解音乐的特点和风格。例如，通过欣赏古典音乐作品，学生可以领略到古典音乐的庄严和典雅；通过欣赏爵士音乐，学生可以感受到爵士音乐的自由和灵活；通过欣赏摇滚乐，学生可以感知摇滚音乐的激情和力量。通过欣赏不同类型的音乐作品，学生不仅能够开阔自己的音乐视野，还能够更好地理解和欣赏不同类型音乐的独特之处。多媒体教学可以极大增加学生对音乐的兴趣和热爱，使他们能够更深入地参与到音乐学习中。通过观看音乐视频和听取音频资源，学生能够真实地感受到音乐的美妙与魅力，从而更加主动地投入到学习中。这样的学习方式不仅能够提高学生学习的积极性，还能够增强他们对音乐的感知能力和表达能力。通过欣赏和分析音乐作品，学生能够培养自己对音乐的独特理解和感受，进而激发自己的创造力和表演欲望。

（二）设置具体且可达成的教学目标

为了提高中小学音乐课堂教学质量，教师需要从教学目标入手，设置具体且可达成的教学目标，以指导学生的学习过程，提升教学效果。

首先，在制定教学目标时，教师应考虑学生的发展需求。学生在音乐教育中的目标不同，有些可能更关注培养音乐的技巧和表演能力，而有些可能更注重培养音乐的创造力和表达能力。因此，教师在设置教学目标时应充分考虑学生的个体差异，了解他们的兴趣和需求，以确保目标的实现。教师可以通过与学生的沟通交流来了解他们对音乐的兴趣和喜好。例如，教师可以设计一些简单的问卷调查或小组讨论活动，让学生表达自己对音乐的看法和期望。通过这样的交流，教师可以更好地了解学生的需求和愿望，从而为他们制定合适的教学目标。教师还应考虑学生的发展潜力和个体差异。每个学生在音乐方面的潜力都是不同的，有些学生可能具备出色的音乐天赋，而有些学生可能相对较弱。因此，教师需要在教学目标的设定中兼顾学生的实际情况。对于具备较高音乐素养和潜力的学生，教师可以设定更高的目标，帮助他们进一步提升音乐技能和水平。而对于相对较弱的学生，教师可以设定一些简单明确的目标，逐步引导他们提高。此外，教师还应考虑学生在音乐鉴赏方面的需求。音乐鉴赏是音乐教育的重要内容之一，通过学习和了解不同风格的音乐作品，学生可以培养自己的鉴赏能力和审美情趣。因此，在制定教学目标时，教师可以设定一些与音乐鉴赏相关的目标，如学生能够熟悉并欣赏不同类型的音乐作品，学习分析音乐的要素和结构等。教师在设置教学目标时还应考虑到学生的实际发展需求。每个学生的发展阶段和水平不同，教师需要根据学生的实际情况来制定教学目标。例如，对于初学者来说，教师可以设定一些基础知识和技能的目标，如学习音乐的基本音符和节奏，掌握一些简单的乐器演奏技巧等。而对于更高年级的学生，教师可以设定更高难度和更具挑战性的目标，帮助他们不断提高和发展。

其次，教学目标的可操作性是非常重要的。一个好的教学目标应该能够帮助学生清楚地了解自己在学习过程中的发展方向。具体且可达成的教学目标可以为学生提供明确的学习方向和动力，使他们在音乐学习中能够有一个明确的目标，从而提高学习效果和成绩。教师可以将教学目标分解成若干个小目标，例如音准、节奏、旋律、和声等方面的基本技能。这样做的好处是学生在每个阶段都能够明确自己需要达到的具体目标，并且可以通过不断努力实现这些目标，进而提高自己的音乐水平。具体而言，音准是音乐学习中非常重要的一个方面。教师可以设置音准方面的小目标，例如让学生能够准确地演奏各种音阶、和弦以及乐曲中的音符。学生可以通过一些练习方法，如数音阶、口型训练、耳感培养等来提高自己的音准能力。在实践中，学生可以通过反复练习和模仿，不断纠正自己的误差，逐渐提高音准的准确性。节奏是音乐学习中不可忽视的一部分。教师可以设定节奏方面的小目标，例如让学生能够准确地演奏节奏感强的乐曲，并且能够熟练地应用不同的节奏模式。学生可以通过跟随节拍器、练习各种节奏练习曲、参与合奏等方式来提高自己的节奏感。通过不断地练习和反复强化，学生的节奏感将不断提高，从而能够更好地演奏音乐。旋律也是音乐学习中重要的一部分。教师可以设定旋律方面的小目标，例如让学生能够准确地演奏乐曲的旋律线条，并且能够灵活地运用各种技巧和表现手法。学生可以通过练习各种旋律乐曲、弹奏音阶和音程、参与合唱等方式来提高自己的旋律感。通过不断地练习和自我反省，学生的旋律感将不断提高，从而能够更好地表达音乐的情感和特点。和声也是音乐学习中不可忽视的一环。教师可以设定和声方面的小目标，例如让学生能够理解和掌握不同和声关系，如和弦结构、调性转换、和声规律等。学生可以通过分析音乐作品、参与合奏、弹奏和声练习曲等方式来提高自己的和声感。通过不断地学习和实践，学生的和声感将不断提高，从而能够更好地理解和演绎音乐作品的和声结构。

再次，教师在制定教学目标时，除了传授音乐理论知识，还应注重培养学生的创新精神和团队合作能力。音乐作为一种艺术形式，能够启迪人的思维，激发人的情感，是培养学生创新能力的重要途径。音乐创作本身就是一种创新过程。在这个过程中，学生需要发挥自己的想象力和创造力，通过音乐作品表达自己的情感和思想。这种创作过程不仅能锻炼学生的思维能力，还能培养他们的审美情趣。因此，教师可以设置一些与音乐创作相关的教学目标，如鼓励学生创作歌曲、交响乐、室内乐等，让学生在创作过程中发挥自己的潜能，提高创新能力。音乐表演也需要学生具备创新精神。在表演过程中，学生需要根据自己对音乐作品的理解，运用各种技巧和手段，将音乐作品呈现给观众。这个过程需要学生的个人才华，更需要他们相互协作，共同完成表演任务。因此，教师可以组织学生进行合唱、合奏、音乐剧等活动，让学生在实践中提高自己的创新能力和团队合作精神。音乐教学还可以通过设置一些富有挑战性的教学目标，激发学生的创新潜能。例如，教师可以组织学生进行音乐比赛，鼓励他们勇于尝试新的音乐风格和表演形式。或者，教师可以引导学生进行跨学科的创作，如将音乐与绘画、舞蹈、戏剧等艺术形式相结合，让学生在创作过程中不断突破自己的思维局限，培养创新能力。在培养学生的团队合作能力方面，教师可以组织学生进行集体演奏，让他们在演奏过程中体会到团队合作的重要性。教师可以引导学生参与学校音乐会或社会实践活动的筹备工作，让他们在组织、协调、执行等环节中锻炼团队协作能力。教师还可以鼓励学生参加音乐团队或乐团，让他们在团队中承担不同的角色，共同为团队的目标努力。教师在教学过程中还要注重营造良好的团队氛围，使学生在轻松愉快的环境中开展合作。教师要尊重每个学生的个性，鼓励他们发表自己的意见，倾听他人的建议，形成良好的沟通和协作机制。此外，教师还要定期对学生的团队合作能力进行评价，及时发现问题，并提出针对性的改进措施。

在实际的教学活动中，教师需关注学生的反馈与学习进展，不断地调整与完善教学目标。教学目标并非一成不变的教条，而应具有一定的灵活性，以便应对学生个别差异的需求和教学环境的变化。为了确保教学目标的适应性和实效性，教师可以通过多种途径来了解其实现的程度。教师可以直接观察学生的学习情况。通过观察，教师可以了解学生对知识的理解程度、对技能的掌握情况以及在情感态度和价值观方面的变化。观察不仅可以帮助教师发现学生学习中的问题，还可以帮助教师发现自己在教学中的不足，从而及时调整教学策略。通过与学生交流，可以帮助教师来了解教学目标的实现程度。与学生的交流可以是课下的个别谈话，也可以是课堂上的提问。通过交流，教师可以了解学生教学目标的认知、对教学内容的理解以及对教学方法的感受。这些信息对于教师调整教学目标、优化教学方法、提高教学效果具有重要的参考价值。此外，教师还可以通过课堂评价来了解教学目标的实现程度。课堂评价可以是教师自评，也可以是同行评价，或者是学生评价。教师可以通过课堂评价来了解自己在教学中的优点和不足，从而有针对性地调整教学目标，改进教学方法，提高教学质量。然而，无论采用哪种方式，教师都应根据实际情况来调整教学目标。这是因为，教学活动是一个动态的过程，它受到学生个体差异、教学环境变化等多种因素的影响。因此，教学目标也需要根据这些因素的变化进行相应的调整，以保证其针对性和实效性。

（三）针对不同学生制订个性化的学习计划

个性化学习计划的制订需要教师充分了解学生的音乐基础和特点。对于音乐基础较好的学生，教师可以为他们设计更高难度的学习内容，引导他们深入研究音乐理论知识并探索更深层次的音乐。教师可以要求他们了解更复杂的音乐结构与和声规则，并引导他们进行作曲和编曲的实践，培养他们的创造力和表达能力。同时，教师可以推荐他们参加更高级别的音乐比赛和演出，以提升他们的舞台表现能力和音乐素养。对于音乐基础相对薄弱的学生，教师可以根据他们的实际情况从基本技能训练入手。教师可以先帮助他们建立正确的音乐基础知识，包括音乐符号的认识、音高和节奏的掌握等。教师可以设计一些简单易学的曲目和练习，帮助学生逐步掌握基本技能。在此基础上，教师可以引导学生进行简单的组曲和即兴演奏，鼓励他们在音乐中发挥创造力。同时，教师还可以指导学生参与合唱或乐团等集体音乐活动，培养他们的合作精神和音乐表达能力。

除了基础训练，教师还可以根据学生的兴趣爱好来制订个性化的学习计划。例如，对于喜欢弹奏乐器的学生，教师可以鼓励他们学习各种不同的乐器，丰富他们的音乐经验。对于喜欢唱歌的学生，教师可以组织合唱团或带领他们参与音乐剧演出。对于对音乐创作有兴趣的学生，教师可以引导他们进行作曲和编曲，培养他们的创造力和艺术表达能力。通过充分考虑学生的兴趣和特长，教师能够制订更有针对性的学习计划，激发学生的学习兴趣和动力，提高他们的学习效果。

在制订个性化学习计划时，教师还应该注意灵活调整和适时评估。个性化学习计划不是一成不变的，随着学生的进步和发展，教师需要根据实际情况及时调整计划。一方面，教师可以通过课堂表现和练习成果等方式对学生的学习情况进行评估，及时发现问题并采取措施加以改进。另一方面，教师可以与学生进行沟通和反馈，了解他们的学习感受和需求，及时调整计划，以更好地满足学生的个性化需求。

个性化学习计划的制订不仅有助于满足学生的学习需求，还能提高音乐课堂教学的整体效果。根据学生的特点和需求进行个性化指导，教师能够更好地激发学生的学习兴趣和动力，提高他们的学习积极性和主动性。

个性化学习计划还能够促进学生之间的互动和合作，培养学生的团队精神和音乐表达能力，促进他们的全面发展。

然而，制订个性化学习计划也面临一些挑战。首先，教师需要耗费更多的时间和精力来了解每个学生的特点和需求，制订相应的计划。其次，由于学生的个体差异较大，个性化学习计划的执行可能会面临一些困难和挑战。为了克服这些困难，教师需要不断提升自身的教学能力和专业知识，不断尝试和探索适合不同学生的教学方法和策略。

（四）创设鼓励学生参与的教学环境

在音乐教学中，创设一个鼓励学生参与的教学环境是非常重要的。这样的教学环境能够让学生在轻松愉快的氛围中学习音乐，从而更好地理解和掌握音乐知识。

在教学过程中，教师需要意识到学生作为主体的重要性。他们应该意识到学生不仅是知识的被动接受者，更是具有独立思想和情感的人。因此，教师需要尊重学生的主体地位，与他们建立平等和相互尊重的关系。为了实现这一目标，教师需要通过多种方式鼓励学生发表自己的观点和意见。他们可以在教学中引入讨论和辩论的环节，让学生有机会表达自己的想法。此外，教师还可以在学习过程中给予学生适当的选择权，让他们在一定范围内自由决策，从而激发学生的主动性和创造力。通过尊重学生的主体地位，教师可以激发学生的学习兴趣和动力，让他们更加积极主动地参与到音乐学习中。当学生感受到教师对他们的认可和尊重时，他们会更加自信，愿意表达自己的观点和意见。这不仅可以增强学生的学习动力，还可以培养他们的批判思维和创造力。例如，在音乐分析的过程中，教师可以邀请学生对作品进行自由解读，并就不同的观点进行讨论。这样可以帮助学生学会独立思考和表达自己的见解。尊重学生的主体地位还可以促进学生的自我成长和发展。教师不仅是知识的传授者，更是学生发展的引导者和支持者。通过尊重学生的个性差异，教师可以根据学生的特点和需求为他们提供个性化的指导和支持。例如，对于一些学习能力较强的学生，教师可以提供更高难度的音乐作品和技巧训练，以挑战他们的能力和激发他们的潜力。而对于一些学习困难的学生，教师可以采用更多样化的教学方法，通过绘画、手工制作等方式来激发他们的学习兴趣和动力。

建立良好的师生关系是促进音乐学习的重要环节。良好的师生关系不仅能够提高学生对音乐的兴趣和热情，更能激发他们的创造力和想象力。教师在建立这种关系的过程中，起着至关重要的作用。教师需要与学生建立一种平等、互动、信任的关系，使学生感受到自己的地位得到了尊重和认可，从而消除他们在课堂上的紧张心理，使他们敢于在课堂上展示自己。为了建立这种良好的师生关系，教师需要以一种亲切、友善、耐心的态度对待每一位学生。教师应当倾听学生的声音，了解他们的想法和需求，理解他们的困惑和问题，并及时给予帮助和支持。教师还应该尊重学生的个性差异，关注他们的兴趣爱好和发展方向，根据每个学生的特点制定个性化的教学方案，以满足他们的不同需求。除了态度上的亲切和友善，教师还需要尊重学生的独立思考和判断。教师应当鼓励学生表达自己的观点和看法，引导他们学会批判性思考，培养他们的创新意识和创新能力。在音乐教学中，教师可以通过组织小组讨论、合作表演等活动形式，让学生们相互交流、互相学习，增强他们的合作意识和团队精神。教师还需要注重与学生之间的互动和沟通。互动不仅包括语言交流，也包括身体语言和情感表达。教师可以通过肢体语言、眼神交流等方式与学生进行情感上的互动，使学生感受到教师的关注和支持。教师还需要通过反馈和评价的方式，及时了解学生的学习情况和发展变化，给予他们有针对性的指导和建议，帮助他们更好地掌握音乐知识和技能。通过建立良好的师生关系，学生能够感受到教师的关爱和支持，增强自信心和自尊心。这种关系能够使学生更加愿意参与到音乐学习中，激发他们对音乐的热情和兴趣。同时，良好的师生关系还能够营造一个轻松、愉悦的学习氛围，使学生更加放松地投入到音乐学习中，享受音乐带来的快乐和满足感。建立良好的师生关系也有助于培养学生的自主学习能力和创造力。在良好的师生关系中，学生能够感受到自己的主体地位和价值，从而更加主动地参与到音乐学习中。他们会在课堂上积极思考、主动探索、勇于尝试，不断挑战自己的能力和极限。同时，良好的师生关系还能够激发学生对音乐的想象力和创造力，让他们在音乐的世界里自由翱翔。

教师还可以通过设置小组合作、互动交流等环节，激发学生的积极性。这些环节可以包括小组讨论、角色扮演、音乐游戏、音乐比赛等。通过这些活动，学生可以相互交流、合作、学习，增强他们的团队协作能力和沟通能力。同时，这些活动也能够激发学生的学习兴趣和热情，提高他们的学习动力和自信心。在小组合作环节中，教师可以根据学生的兴趣爱好、音乐水平等因素进行分组，确保每个小组都有不同层次的学生，以便他们能够相互学习、共同进步。在互动交流环节中，教师可以鼓励学生分享自己的音乐经验和感受，提出自己的问题和困惑，并与其他同学一起讨论和解决。这种互动交流的方式能够增强学生的语言表达能力和思维能力，同时也有助于培养学生的创新意识和批判性思维。

除了以上这些措施，教师还可以通过奖励机制来鼓励学生积极参与音乐学习。例如，教师可以设立一些奖项，如"最佳表现奖""进步最快奖""最佳合作奖"等，以表彰那些表现优秀和有进步的学生。这种奖励机制能够激发学生的积极性，增强他们的自信心和自尊心，同时也有助于营造一个积极向上的学习氛围。教师还可以利用现代信息技术手段来创设一个更加生动有趣的教学环境，以吸引学生的注意力，激发他们的学习兴趣和热情。教师可以利用多媒体课件、音乐软件、网络资源等工具和资源，为学生提供更加丰富多样的学习材料和体验方式。此外，教师还可以利用网络平台来开展在线教学和互动交流，打破时间和空间的限制，使学生能够更加灵活地参与音乐学习。

（五）运用多样化的教学方法和资源进行教学

在音乐教学中，教师应当充分认识到运用多样化的教学方法和资源对于提高课堂教学的趣味性和实效性的重要性。教师可以运用传统的教学方法，比如讲解和示范等，使学生能够掌握基本音乐知识。讲解可以帮助学生理解音乐理论，示范可以让学生直观地看到音乐的表现形式，这两种方法都是音乐教学中不可或缺的。然而，仅仅依赖传统教学方法是不够的。在现代教育环境中，教师还应该引入现代教学手段，比如多媒体和网络等，以丰富教学内容。多媒体教学可以利用图像、音频和视频等多种形式，使抽象的音乐概念变得具体可感，帮助学生更好地理解和记忆。网络资源的运用则可以让学生接触更广泛的音乐作品和信息，拓宽他们的音乐视野。除了学校和课堂内的教学资源，教师还可以积极利用校内外资源，比如邀请音乐专家举办讲座，组织学生参加实践活动等。这些活动可以让学生从不同的角度和层面去体验音乐，从而加深他们对音乐的理解和热爱。例如，通过音乐专家的讲座，学生可以了解到音乐的历史背景、文化内涵和专业技巧等方面的知识，而这些往往是课堂教学难以覆盖的。通过实践活动，学生可以将所学的音乐知识运用到实际操作中，提高他们的实践能力。

第四章

中小学音乐教育教学内容的构建与更新

一、中小学音乐教育教学内容的结构与层次

（一）教学内容的整体结构

中小学音乐教育的教学内容可以从整体上分为三个主要部分：音乐基础知识、音乐技能培养和音乐欣赏。这三个部分相互关联、相互支持，共同构成了中小学音乐教育的整体结构。

音乐基础知识是音乐教育的基础。音乐基础知识包括音乐的基本概念、音乐的基本符号、音乐的基本理论知识等。学习音乐基础知识可以帮助学生更好地理解音乐，掌握音乐的基本要素和规律。通过学习音乐的基本概念，学生能够了解音乐的各种音调和音符，学会用音乐符号表示音乐的时值、音高和强弱等。音乐的基本理论知识则包括音乐的起源、发展和

分类等，通过学习这些知识，学生可以了解音乐的历史和文化背景。音乐技能培养是中小学音乐教育的重点。音乐技能培养包括声音发音技巧的培养、乐器演奏技巧的培养、合唱和合奏的技巧培养等。声音发音技巧的培养是音乐教育的基础，学生需要学会正确发声和唱歌。乐器演奏技巧的培养是音乐教育的核心，学生可以选择自己感兴趣的乐器进行学习和演奏。通过乐器演奏，学生可以培养自己的音乐表演能力，提高音乐的实践性和艺术性。合唱和合奏的技巧培养是音乐教育的高级阶段，学生需要在集体中协作和合作，共同完成音乐作品的演唱或演奏。音乐欣赏是音乐教育的目的之一。通过教授学生欣赏不同类型和风格的音乐作品，培养学生的音乐鉴赏能力，提高他们对音乐作品的理解和欣赏水平。音乐欣赏不仅可以培养学生的审美能力，还可以提供他们情感交流和情绪表达的途径。通过音乐欣赏，学生可以感受到音乐的美、能够体验到音乐带给人们的愉悦和快乐。音乐欣赏也有助于学生发展对音乐的兴趣和爱好，激发他们对音乐创作和表演的热情。

音乐基础知识的学习为音乐的技能培养和音乐的欣赏打下了基础，音乐技能的培养和音乐欣赏的提高则可以进一步促进音乐基础知识的理解和运用。音乐基础知识、音乐技能培养和音乐欣赏的有机结合，使得学生能够全面地学习音乐，培养他们对音乐的兴趣和热爱，并提高他们的音乐素养和艺术修养。中小学音乐教育教学内容的整体结构不仅为学生提供了学习音乐的指导框架，也为教师提供了教学的基本依据。

在课堂教学中，教师可以根据音乐教育的整体结构，有针对性地选择教学内容和教学方法，使教学更加有序和科学。通过教学内容的有机整合和结构化安排，教师可以帮助学生系统地学习音乐，提高他们的学习效果和学习兴趣。同时，中小学音乐教育的整体结构也为学生提供了个性化的学习路径。每个学生在音乐教育中都有自己的特长和兴趣，有些学生可能对音乐基础知识更感兴趣，而有些学生可能更喜欢音乐技能的培养，还有些学生可能更注重音乐欣赏。通过教学内容的整体结构，学生可以根据自己的兴趣和特长进行选择和发展，在音乐教育中发挥自己的优势和潜力。

（二）教学内容的细分层次

在音乐基础知识方面，教学内容可以细分为音乐的基本概念、音乐的基本符号、音乐的基本理论知识等。音乐基本概念的学习让学生从最基础的音乐认知开始，例如音符、节奏、音高、音色等，这些是构成音乐大厦的基石。音乐基本符号的教学使学生能够读懂音乐，这是理解和学习音乐的重要工具。通过学习五线谱、音符、休止符等符号，学生能够将抽象的音高和节奏具体化。音乐基本理论知识包括音阶、和弦、曲式结构等，这些知识有助于学生深入理解音乐的内在逻辑和构造。逐级深入的学习让学生能够构建起系统的音乐知识框架，为后续的音乐实践打下坚实的基础。

在音乐技能培养方面，教学内容可以根据不同年级和不同学生的特点来进行细分。对于初学者，重点在于声音发音技巧的培养，如正确的呼吸方法、共鸣位置的掌握以及音准的调整。同时，基本乐器的演奏技巧也是教学的重点，如钢琴、小提琴、吉他等。进入中级阶段，需进一步掌握多声部的合唱和合奏技巧，学习如何与他人协作，培养团队精神和音乐表达能力。到了高级阶段，教学内容更侧重于个人技能的提升，如独奏技巧和指挥技巧。独奏技巧要求学生具备较高的演奏水平，能够独立演绎复杂乐曲。指挥技巧则涉及音乐理解和表达的更高层次，要求学生能够理解和指导整个乐队或合唱团。

在音乐欣赏方面，教学内容可以根据音乐作品的风格、主题、形式等不同特点来进行细分。音乐风格的分类包括古典、爵士、摇滚、电子等，每种风格都有其独特的历史背景和文化内涵。音乐主题可以涉及自然、爱情、战争、和平等，这些主题通过音乐作品表达出来，往往具有强烈的情感色彩和艺术感染力。音乐形式则是指乐曲的结构和布局，如奏鸣曲式、回旋曲式、变奏曲式等。通过欣赏不同风格、主题和形式的音乐作品，学生能够拓宽视野，增强音乐的审美能力，理解音乐作为一种艺术形式所传达的丰富情感和深刻思想。为了使学生在音乐学习中取得更好的效果，教师应根据学生的年龄、兴趣和能力水平来选择合适的教学内容，确保教学内容既有挑战性也能够引起学生的兴趣。此外，教师还应鼓励学生参与音乐实践，如参加学校的音乐会、合唱团或乐队，并鼓励学生创作自己的音乐作品。通过实践，学生能够将所学的理论知识转化为实际技能，提高音乐的表达能力和创造力。

（三）教学内容的难易程度安排

在中小学音乐教育中，教学内容的难易程度安排是一项至关重要的工作。这一环节的成功与否，直接关系到学生的学习效果、音乐素养的提升以及他们对音乐的热爱和兴趣。教学内容的难易程度安排应根据学生的年龄、学习能力和音乐素养等因素来确定，并应随着学生的成长和发展逐步提高难度。对于不同年龄段的学生，教学内容的难易程度可以逐渐增加。例如，对于初级阶段的学生，他们可能刚刚接触音乐，对音乐的基本概念和基本符号还不熟悉，因此教学内容应以培养他们的基本音乐听觉能力和兴趣为主。他们可以学习简单的音乐旋律和节奏，熟悉音乐的基本符号和术语，如音符、节奏、速度等。随着年龄的增长和学习经验的积累，中级阶段的学生可以进一步学习音乐的基本理论知识，如和声、曲式分析、音乐史等，提高他们对音乐作品的理解和欣赏水平。到了高级阶段，学生可以学习更复杂和深入的音乐理论知识，如音乐创作、音乐风格流派、音乐美学等，培养高级音乐技能和音乐创作能力。除了根据年龄段来安排教学内容的难易程度，还应该考虑到学生的个体差异，如学习能力和音乐素养。每个学生都是独一无二的，他们的学习能力和音乐素养也各不相同。因此，教学内容的难易程度安排也应根据学生的学习能力和音乐素养进行个别化调整。对于学习能力较强的学生，可以适当增加教学内容的难度，挑战他们的潜力，激发他们的创新精神；对于学习能力相对较弱的学生，可以适当降低教学内容的难度，让他们更容易理解和掌握。在具体实施过程中，教师可以通过观察、测试、评估等方式了解每个学生的特点和潜力，以此为基础制订相应的教学计划和内容。对于那些在音乐方面有特殊才能或天赋的学生，教师更应给予特别的关注和指导，帮助他们发掘和发挥自己的潜力。同时，教师还应注重培养学生的音乐素养，包括音乐的感知、理解、欣赏和创作能力以及音乐与其他艺术形式之间的联系和互动。此外，教学内容的难易程度安排还应考虑到课程设置的整体规划和教学目标。每一门课程都有其特定的教学目标和要求，教师在制订教学计划时，应将教学目标与教学内容的难易程度相结合，确保教学计划的合理性和有效性。例如，如果教学目标是培养学生的音乐表演能力，那么教学内容的安排就应以提高学生的表演技巧和表现力为主。同时，教学内容的难易程度安排并非一成不变，教师还应根据学生的学习情况和反馈进行调整和优化。在教学过程中，教师应注意观察学生的反应和表现，及时调整教学进度和难度，以满足学生的需求和期望。

二、中小学音乐教育教学内容的多样化与跨学科整合

多样化的教学内容意味着教师需要根据学生的兴趣和个性特点，灵活

选择教材和教学方法。教师可以通过引入各种音乐风格、曲种和演奏形式来丰富音乐教学内容。例如，教师可以选择传统的古典音乐、民间音乐和当代流行音乐等不同风格的音乐，帮助学生培养对不同音乐风格的鉴赏能力和表演技巧。同时，教师还可以引入一些新的音乐形式，如电子音乐、即兴音乐和音乐剧等，让学生接触和尝试各种音乐形式，培养他们的创造力和表现力。音乐教育还可以与其他学科进行跨学科整合，以提供更丰富的学习体验和培养学生的综合能力。跨学科整合可以在音乐教育中引入其他学科的知识和技能，使学生更全面地理解音乐，并将音乐与其他学科的学习联系起来。例如，在音乐教育中引入美术、舞蹈、戏剧等艺术学科，可以帮助学生更好地理解音乐与艺术之间的联系，培养他们对艺术的欣赏能力和创作能力。同时，音乐与语言、数学、科学等学科的整合也可以帮助学生更好地理解音乐中的节奏、调性和音乐理论等内容，培养他们的分析和思维能力。多样化的教学内容和跨学科的整合不仅可以提高学生的学习兴趣和参与度，还可以帮助学生更全面地发展自己的才能和能力。通过学习多样化的音乐内容，学生可以接触到不同的音乐形式和风格，拓宽其音乐视野。同时，跨学科整合还可以培养学生的创造力、合作精神和解决问题的能力。例如，在学习音乐剧的过程中，学生需要通过合作演绎、舞台设计和编剧等方式将音乐与戏剧相结合，培养他们的创造力和合作精神。在这个过程中，学生还需要解决音乐与戏剧结合所带来的各种问题，培养他们解决问题的能力。然而，在实施多样化教学内容和跨学科整合时，教师需要充分考虑学生的实际情况和学习能力。教师应根据学生的年龄、兴趣、音乐水平和学习能力等因素，合理选择教材和教学方法。同时，教师还应充分倾听学生的意见和需求，在教学过程中给予学生更多的自主权和表达空间。这样可以提高学生的学习积极性和学习效果，使他们在音乐教育中获得更广泛的发展。

（一）多种艺术形式的整合

音乐作为一种独立的艺术形式，与其他艺术形式存在紧密的联系和互动。为了给学生提供更加丰富多样的学习体验，音乐教育应该与其他艺术形式，如绘画、舞蹈、戏剧等进行整合。这种整合可以让学生通过多种艺术形式来感受、表达和演绎音乐，从而丰富他们的艺术修养和审美能力。

音乐教育可以与美术结合，通过绘画来表达音乐的感受和意象。学生可以在音乐的启发下，用画笔和颜料来描绘和表达内心对音乐的感悟。通过绘画，学生可以将音乐所传达的情感和意境转化为形象化的艺术作品，从而更好地理解音乐的内涵。

音乐教育还可以与舞蹈结合，让学生通过舞蹈的方式来演绎音乐。舞蹈是一种富有表现力和情感传达能力的艺术形式，与音乐有着天然的契合度。学生可以通过舞蹈的肢体语言来传达音乐所表达的情感和意义，用舞蹈的形式来演绎音乐的节奏和旋律，从而增强他们对音乐的体验和理解。

音乐教育还可以与戏剧结合，让学生通过戏剧表演的形式来展示音乐作品的内涵。戏剧是一种融合了表演、音乐和故事情节的综合性艺术形式，可以通过演员的表演来传达音乐所要表达的意境和故事情节。通过戏剧表演，学生可以扮演不同角色，用表演的方式来展现音乐作品的情感和内涵，从而更加深入地理解和感悟音乐的艺术魅力。

通过多种艺术形式的整合，音乐教育可以为学生提供更加全面和深入的艺术学习体验。这种整合不仅可以培养学生对音乐的审美能力和艺术鉴赏力，还可以激发学生的创造力和表达能力。通过整合后的艺术课程，学生不仅可以在音乐中感悟绘画的美、舞蹈的动感和戏剧的表演艺术，也可以将这些艺术元素融入自己的音乐创作中，从而开拓他们的艺术想象力和表达方式。

（二）艺术与科学学科的整合

音乐和科学这两个领域有许多共同之处，它们之间存在许多相似的特点和原理。例如，音乐中的音高、音响的传播规律等都有其科学基础。因此，将音乐教育与科学学科进行整合，能够让学生更好地理解音乐背后的科学原理，并且培养其科学思维和解决问题的能力。

物理学研究的一个重要方向是声学，即研究声音的产生、传播和接收过程。音乐正是以声音为基础的艺术形式，因此学生可以通过学习物理学的知识来了解声音的传播和共鸣原理。例如，学生可以学习声音是如何通过空气震动传播的以及不同材质对声音传播的影响。此外，学生还可以了解共鸣的原理，即当一个声源和另一个物体的频率相同或者相近时，声音会产生共鸣并加强。通过这样的学习，学生不仅能够加深对音乐的理解，还能够掌握一些科学实验的基本方法，培养科学思维和观察问题的能力。

生物学也可以与音乐教育结合起来。人体听觉的结构和功能是生物学研究的重要内容之一。学生可以通过生物学的角度来了解人耳的结构和工作原理。他们可以学习耳蜗是如何将声音信号转化成神经信号并传递到大脑的以及不同音高和音量对人耳的影响。通过这种学习，学生可以更深入地了解音乐对人体的影响，并从生物学的角度来解释这种影响的机制。此外，学生还可以学习音乐对人的情绪和心理健康的影响，这也是生物学研究的一部分。通过将生物学与音乐教育结合起来，学生不仅可以拓宽自己的视野，还能够培养自己的科学思维和分析问题的能力。

音乐和科学的整合还可以通过其他学科来实现。例如，学生可以学习数学中的和谐比例和周期性的概念，通过这些数学知识来分析音乐中的和弦结构和节奏模式。此外，学生还可以学习化学方面的知识，了解音乐乐器中的材质和音色的关系。通过将不同学科的知识进行整合，让学生通过实际操作和分析来深入理解音乐背后的科学原理，从而培养自己的学科交叉能力和解决问题的能力。除了学科知识的整合，音乐教育与科学教育的整合还可以通过教学方法和学习活动的创新来实现。传统的音乐教育往往以演奏和演唱为主，而科学教育则更注重于实验和观察。因此，在整合音乐教育与科学教育的过程中，可以开发一些新的教学方法和学习活动。例如，学生可以通过实际操作和观察来了解声音的传播和共鸣原理，进行一些简单的实验来验证理论。此外，还可以组织音乐会和科学展览等活动，让学生能够将自己学到的知识应用到实际中去，提高他们对音乐和科学的兴趣和理解。

（三）艺术与人文学科的整合

音乐作为一种表达情感和思想的艺术形式，与人文学科存在密不可分的联系。在教育领域中，将音乐教育与人文学科进行整合，可以让学生深入了解音乐作品背后蕴含的文化和历史背景。这种整合的方式不仅可以帮助学生更好地理解音乐，还能够拓宽他们的文化视野，并培养其人文素养和理解能力。

音乐与历史学科的结合是一种很自然的方式。通过学习不同时期的音乐，学生能够了解音乐作品背后所蕴含的历史背景和社会文化。例如，学生可以研究不同历史时期的音乐作品，了解音乐在不同历史时期的发展和变化。他们可以了解不同时期的音乐创作风格、音乐家的思想与情感表达方式，并将其与历史事件和社会背景相联系。通过这种方式，学生可以深入了解历史与音乐的互动关系，培养批判性思维和历史意识。

音乐与文学学科的结合也具有很大的潜力。音乐和文学都是艺术表达的不同形式，二者之间存在着深厚的亲缘关系。通过与文学学科的整合，学生可以通过诗歌和文学作品来欣赏和理解音乐。他们可以学习音乐与文学之间的共同点和相互影响。例如，学生可以分析音乐作品中的歌词与诗歌之间的对应关系，探讨歌曲如何通过词语表达情感和思想。此外，他们还可以研究音乐家如何通过音乐来诠释文学作品中的故事和情感。通过这种方式，学生可以加深对音乐和文学的理解，培养审美意识和文学素养。

此外，音乐与哲学、宗教等人文学科的整合也是非常有价值的。音乐作为一种艺术形式，常常涉及深刻的哲学和宗教思考。将音乐教育与这些学科进行整合，学生可以通过音乐作品来探索哲学问题，如音乐与人类存在的关系、音乐对心灵的作用等。他们还可以通过音乐作品了解不同文化中的宗教思想和信仰。

除了拓宽学生的文化视野之外，音乐教育与人文学科的整合还可以培养学生的人文素养和理解能力。人文素养是指人们对人类文化、历史和思维方式有深入了解的能力。通过与人文学科的整合，音乐教育可以培养学生出色的人文素养。学生将通过学习音乐作品，了解音乐和人类文化、历史以及思维方式之间的关系。他们能够从中获得对不同文化背景下音乐作品的理解和欣赏能力，培养跨文化交流和理解的能力。此外，音乐教育与人文学科的整合还可以提高学生的理解能力。音乐作品往往具有丰富的情感和思想表达，通过与人文学科的整合，学生可以在课堂上进行讨论和分析来理解音乐作品中所蕴含的情感和思想内涵。他们将学会通过音乐语言来理解音乐作品，并将其和自己的人生经验和社会文化背景相联系。这种能力培养也将有助于学生在解读和分析其他艺术形式以及日常生活中遇到的复杂情感和思想问题时更加敏锐和深入。

（四）艺术与体育学科的整合

音乐与体育，两者在教育体系中各司其职，却又彼此交融，共同致力于学生综合素质的提升。音乐教育，以其独特的艺术魅力，陶冶学生的情操，开发学生的智力，塑造学生的性格；体育教育，以其激烈的运动，锻炼学生的体魄，增强学生的体质，提高学生的免疫力。两者如同一枚硬币的两面，相辅相成，缺一不可。在现代教育理念的指导下，更加重视音乐与体育的整合，以期望通过这种整合，达到培养学生个性和身体素质的双重目标。

音乐教育与体育学科的整合，是一种创新的教育模式，它打破传统的学科界限，将音乐与体育相互融合，相互渗透，使学生在学习的过程中，既能锻炼身体，又能提升音乐素养。音乐教育可以通过健身课程，锻炼学生的身体协调能力和音乐感知能力。健身课程则可以通过有氧运动和无氧运动，锻炼学生的身体素质，增强学生的体能。同时，健身课程中的音乐，也可以帮助学生更好地投入到运动中，提高运动的效率。

三、音乐教学内容更新的策略与方法

（一）采用新教材和教学资源

引入新的教材和教学资源是提升音乐教育内容的有效方法。这些教材和资源应具备艺术性、教育性和实用性，旨在激发学生的兴趣，帮助他们理解和掌握音乐知识和技能。通过引入新的音乐风格、流派和作曲家的作品以及一些新的学习工具和媒体技术，如音乐播放器和虚拟乐器，可以丰富教学内容，使其更具现代感和吸引力。

新教材和教学资源应具备艺术性。音乐教育的目的之一是培养学生的审美意识和欣赏能力。因此，教材和资源中应包括具有艺术价值的音乐作品，如经典作品、著名作曲家的作品以及优秀的现代音乐作品。学生可以通过研究和欣赏这些作品，提高对音乐艺术的理解和欣赏水平，激发他们的创造力和想象力。

新教材和教学资源应具备教育性。音乐教育不仅培养学生的音乐能力，还能够培养学生的全面发展。因此，教材和资源中应包含一些有关音乐历史、音乐理论和音乐文化的内容。通过学习音乐的历史背景、演变过程和不同文化背景下的音乐形式，学生可以拓宽视野，增强对音乐的理解和认知。

新教材和教学资源应具备实用性。音乐教育的目标之一是培养学生的音乐技能和实践能力。因此，教材和资源中应包含一些可以帮助学生学习和练习音乐技能的内容。例如，可以提供一些练习曲目、技巧训练和乐理练习等。此外，可以使用一些现代的学习工具和媒体技术，如音乐播放器和虚拟乐器，帮助学生进行音乐创作、编曲和演奏，提高他们的实践能力。为了有效地采用新的教材和教学资源，教师在教学中应对新的教材和资源进行合理的筛选。教材和资源应符合学生的年龄特点、学习水平和兴趣爱好，能够激发他们的学习动机和积极性。教师应善于利用教材和资源进行教学设计和教学活动的组织。教师可以根据学生的学习目标和需求，灵活运用教材和资源，设计出多样化的教学内容和活动，使学生在学习中能够体验到乐趣和成就感。同时，教师还应定期更新和调整教材和资源，使其与时俱进，符合时代的需求和学生的实际情况。

（二）注重时代特色和实用性

音乐教学内容的更新与改革是一个长期而复杂的过程，需要深入思考和探索。在这个过程中，注重时代特色和实用性是非常重要的。教学内容不仅要与时俱进，还要贴近学生的生活，让他们能够将所学的知识和技能应用到现实生活中。每个时代都有其独特的音乐风格和特点，而这些音乐往往与当时的社会环境、文化背景和科技发展密切相关。因此，在选择教学内容时，应该关注当代的音乐趋势，将这些趋势融入教学过程中。例如，可以引入流行音乐和电子音乐等当代音乐，让学生了解和学习这些音乐的特点和魅力。

教学内容应该能够让学生在现实生活中应用所学的知识和技能。这意味着需要将音乐理论与实际演奏技巧相结合，让学生在掌握理论知识的同时，也能够熟练地演奏乐器。例如，在教授音乐理论时，可以通过演奏流行歌曲或电子音乐来让学生了解和掌握和弦进行、节奏和旋律等基本元素。在实际演奏过程中，学生可以更好地理解理论知识，并将这些知识应用到自己的音乐创作和演奏中。

此外，还可以利用现代科技手段丰富教学内容。随着科技的发展，越来越多的数字音乐设备和软件应运而生，这些设备和软件为音乐创作和演奏提供了新的可能性和空间。可以将这部分内容融入教学过程中，让学生了解和学习这些设备和软件的使用方法，从而拓宽他们的音乐视野。例如，可以教授学生如何使用音乐制作软件进行音乐创作，让他们在掌握演奏技巧的同时，也能够具备音乐制作的能力。

注重时代特色和实用性还意味着需要关注音乐产业的发展和变化。音乐产业是一个不断发展和变化的行业，需要了解和掌握其中的最新动态，将这些动态融入教学内容中。例如，可以教授学生关于音乐版权、音乐市场推广等方面的知识，让他们在进入音乐行业时具备更多的竞争力和应对能力。

注重时代特色和实用性还要求关注学生的个体差异。每个学生都有自己的特点和兴趣，需要根据他们的个体差异来进行教学内容的调整和优化。例如，对于对流行音乐感兴趣的学生，可以增加流行音乐方面的教学内容；对于对电子音乐感兴趣的学生，可以引入电子音乐制作的相关知识。这样，学生能够在学习过程中更加积极主动地参与进来，提高他们的学习效果和兴趣。

（三）借助现代技术手段更新内容

借助现代技术手段，音乐教学进入了一个崭新的时代。现代技术的出现和发展，为音乐教学提供了更多的可能性和机会。利用音乐软件、音频和视频录制设备等技术手段，音乐教学可以实现更加生动和多样化的学习体验。

首先，音乐制作软件是现代技术中最受欢迎的工具之一。通过使用这些软件，学生可以创作自己的音乐作品。他们可以通过编曲、混音和制作等方式，实现对音乐的创作和处理。这样一来，学生们可以尽情发挥自己的创造力，展示自己的音乐才华。同时，这种方式还可以提供更多的自主学习机会以及加深对音乐艺术的理解。

其次，虚拟乐器也为音乐教学带来了巨大的改变。传统的音乐教学通常需要学生学习各种乐器的演奏技巧，但随着虚拟乐器的出现，学生们不再需要实际乐器来进行演奏实践。虚拟乐器通过模拟各种乐器的声音和演奏方式，使学生能够在电脑上进行虚拟演奏。这种方式不仅提供了更加方便和灵活的学习方式，同时也让学生可以更加集中精力在演奏技巧和音乐表达上，而不需要担心实际乐器的技巧问题。

此外，网络视频课程也成为音乐教育的重要组成部分。通过网络视频课程，学生可以在课堂外获得更多的音乐知识和学习资源。他们可以通过观看专业音乐家的演奏视频，了解不同风格音乐的表达方式；他们可以观看音乐理论和历史的相关课程，加深对音乐学科的认识和理解。

网络视频课程不受时间和地点的限制，学生可以根据自己的学习进度和兴趣选择合适的课程进行学习，这为音乐教学提供了更大的灵活性。在借助现代技术手段更新内容的同时，也需要关注一些问题和挑战。

1. 技术设备和软件的选择和使用。教师需要根据学生的需求和实际情况选择适合的技术设备和软件，并且具备相应的操作技能和知识。

2. 教师和学生之间的互动和沟通。借助现代技术手段进行音乐教学可能会减少教师和学生之间的面对面互动，因此需要寻找合适的方式和方法来促进教学中的互动和交流。

3. 对教学内容的把握。在借助现代技术手段进行音乐教学时，需要教师根据学生的需要和实际情况，准确把握教学内容和目标，避免过度依赖技术手段而忽视音乐教学的本质。

（四）整合和运用国内外的音乐教育经验

音乐教学内容的更新和提高还可以通过更深度的整合和运用国内外音

乐教育的经验来实现。这不仅有助于拓宽教师的教学思路，更丰富教学内容，而且可以显著提升教学质量。学习和借鉴国内外其他地区和学校的音乐教学经验是至关重要的。这种学习不应只停留在表面上，而应该深入到具体的实践操作中。可以定期邀请国内外知名的音乐教育专家来进行专题讲座和工作坊，他们有着丰富的实践经验和深入的理论研究，他们的分享和交流无疑会为教师的教学带来新的视角和灵感。在讲座和工作坊中，教师们可以深入了解不同地区和学校在音乐教育方面的特色和教学方法。这不仅可以拓宽自身的教学视野，而且可以了解不同文化背景下音乐教育的多样性和丰富性。通过对比和参照，可以找到自己的不足，也可以学习到其他教师的教学优点，从而取长补短，提升自己的教学能力。教师可以结合自身的实际情况，有选择地借鉴和吸收这些经验。比如，某些教学方法可能更适合于特定的学生群体，那么教师就可以根据自己的教学需求进行调整和运用。此外，教师还可以将这些经验与自己的教学理念和风格相结合，形成一套具有自己特色的音乐教育方式。此外，还可以通过其他方式来整合和运用这些经验。例如，教师可以组织教师团队，定期进行教学研讨和交流，分享各自的教学经验和心得，共同探讨音乐教育的未来发展。这样不仅可以促进教师之间的团队合作，还可以通过集体智慧来提升教学质量。教师还可以利用现代科技手段，如网络平台和多媒体资源，来传播和分享音乐教育经验。例如，教师可以创建自己的教学视频，分享自己的教学方法和经验，让更多的教师和学生受益。此外，教师还可以加入相关的教育论坛和社区，与其他音乐教育工作者进行交流和讨论，获取更多的教学资源和信息。

音乐教育是一个不断发展和变化的领域，因此需要时刻关注国内外音乐教育的最新动态和研究成果。这可以通过参加学术会议、阅读专业期刊、了解最新的教育技术和方法来实现。通过不断更新自己的知识体系，可以更好地应对教学过程中的各种挑战，并不断提高自己的教学水平。

（五）鼓励教师自主创新和研究

在音乐教育领域，教师的自主创新和研究对教学内容的更新至关重要。在这个日新月异、知识快速更迭的时代，教师不能仅仅依赖旧有的知识和经验，而应该积极探索、勇于创新，以适应不断变化的教育环境。教师自主创新是音乐教育发展的必然要求。随着社会的发展和人们对音乐教育认识的不断深化，音乐教学内容也在不断更新和丰富。教师作为教育者，应该紧跟时代步伐，不断学习和研究新的音乐知识和技能，并将其应用到教学实践中。这不仅有助于提高教学质量，也有助于培养出更具有创新意识和实践能力的学生。教师自主研究是提高教学水平和专业素养的重要途径。教学研究不仅是教师个人的行为，更是学校整体发展的需要。通过深入研究和探索音乐教育的本质和规律，教师能够不断提高自身的专业素养，提升教学水平和能力。同时，学校也应该为教师提供相应的支持和资源，包括提供更多的学习机会、引进优质的教学资源、建立完善的教研机制等，为教师的研究提供有力保障。学校应该鼓励教师积极参与教研活动和教学改革，并给予他们展示和分享自己成果的机会。教研活动是教师之间相互交流、学习、提高的平台，通过开展各种形式的教研活动，教师可以分享自己的教学经验、交流教学心得，从而不断提高自己的教学水平和专业素养。同时，学校也应该积极推动教学改革，鼓励教师尝试新的教学方法和手段，以适应教育发展的需要。此外，学校应该为教师提供良好的工作环境和氛围，激发他们的创造力和研究热情。一个良好的工作环境能够让教师更好地发挥自己的才能和潜力，提高工作效率和质量。学校应该关注教师的需求和发展，为他们提供良好的福利待遇和发展空间，让他们在工作中感受到尊重和认可，从而更加积极地投入到教学和研究中。鼓励教师自主创新和研究也是推动音乐教育发展的重要举措。教育部门和学校应该加大对音乐教育的投入，为教师提供更多的培训和进修机会，帮助他们不断提高自己的专业水平。同时，教育部门和学校也应该加强与其他学校、机构之间的合作与交流，分享经验和成果，共同推动音乐教育的进步和发展。

第五章

中小学音乐教育教学方法的探索与实践

一、传统音乐教学方法的分析与评价

（一）传统音乐教学方法的特点

传统音乐教学方法是一种历史悠久且广泛应用的教学模式，它是指按照传统的教学模式和教学内容，以面对面的教学方式进行音乐教学的方法。在教学过程中，教师通过讲授知识、示范、指导等方式，帮助学生掌握音乐技能和知识。传统音乐教学方法非常注重基本功的训练。基本功是学习任何一种技能的基础，对于音乐学习也不例外。在传统音乐教学中，教师通常会循序渐进地教授学生音乐基本功，如音准、节奏、音色等。这些基本要素是构成音乐的基础，只有掌握了它们，才能更好地理解和表达音乐。通过反复的训练和练习，学生不仅能够培养出良好的音乐技巧和敏感性，还能够更好地把握音乐的本质和内涵。

传统音乐教学方法较为强调学生的记忆和模仿能力。在传统音乐教学中，学生需要通过反复听、看、模仿，逐渐熟悉和掌握各种音乐元素和乐曲。这是因为音乐是一种需要不断感知和体验的艺术形式，通过模仿教师或优秀演奏者的演奏，学生能够更好地理解和掌握音乐的技巧和表达方式。同时，记忆和模仿也是学习音乐的重要手段，通过反复的练习，学生能够逐渐形成自己的音乐风格和技巧。

传统音乐教学方法通常采用集体教学的方式。在传统教学模式中，音乐教学通常以班级为单位进行，教师对整个班级进行统一的教学和指导。这种教学方式有利于教师对学生的学习情况进行整体把握，也能够更好地发挥集体的智慧和力量，相互学习和借鉴。传统音乐教学方法还注重培养学生的审美能力和情感表达。音乐是一种情感艺术，学习音乐不仅是为了掌握技能和知识，更是为了能够表达自己的情感和审美。在传统音乐教学中，教师通常会引导学生欣赏优秀的音乐作品，感受音乐的魅力和美感，从而培养他们的审美能力和情感表达能力。

（二）传统音乐教学方法的优点和缺点

传统音乐教学方法的优点之一是能够培养学生的音乐基本功。传统音乐教学注重学生对音乐技巧和音乐表达能力的训练和练习，这使得学生能够逐渐掌握各种技巧和方法，从而在演奏乐曲时能够达到高水平的表现。

通过不断地重复和练习乐曲，学生的音乐技巧可以得到有效的提高，他们能够更加熟练地运用不同的指法、音程和音符，在演奏过程中显露出自己的个性和风格。此外，传统音乐教学方法还注重基本音乐理论的学习，学生需要通过学习各种音乐符号、节奏和音高等知识来理解乐曲的结构和意义，从而更好地进行音乐表演和创作。通过培养学生的音乐基本功，传统音乐教学方法能够使学生在音乐方面具备扎实的基础和深厚的功底，为其未来的音乐发展打下良好的基础。

传统音乐教学方法的另一个优点是能够培养学生的音乐情感。在传统音乐教学中，教师会引导学生通过演奏乐曲、欣赏音乐作品等方式来感受音乐所传递的情感和情绪。通过不断地演奏和欣赏，学生能够深入体验音乐中蕴含的情感和情绪，进而通过表演来传递自己的情感和情绪。音乐作为一种语言，能够以无需言语的方式表达出人们内心深处的情感和思想。通过演奏和欣赏音乐，学生可以更好地理解音乐所要表达的情感和情绪，进一步提升自己的音乐情感和表达能力。

此外，传统音乐教学方法也注重学生对音乐作品的分析和解读，学生需要通过学习音乐史和作曲家的背景等知识来了解作曲家创作音乐的意图和思考，进一步理解音乐的情感内涵。通过培养学生丰富的音乐情感，传统音乐教学方法能够使学生在演奏和表达中更加真实和感人地传递出音乐所要表达的情感和情绪。

　　然而，在深入探讨传统音乐教学方法的优点时，不得不承认，尽管这些方法在音乐教育领域中占据着重要地位，但它们同样存在一些明显的不足之处。这些不足在一定程度上制约了学生全面而深入的音乐发展。

　　首先，传统音乐教学方法虽然在基本功的训练上有着严谨的计划和体系，却在培养学生的创造性和创新能力上显得力不从心。这种教学方法往往要求学生严格遵循既定的学习路径，对音乐作品的演绎也要尽可能地接近答案。在这样的背景下，学生的创造空间被大大限制，他们的音乐创新能力得不到充分的锻炼和提升。传统音乐教学似乎更倾向于让学生模仿和再现已有乐曲，而对于如何激发学生的创造性思维、培养他们的音乐想象力关注不足。这种重技能、轻创造的教学方式可能使得学生在面对新的音乐材料时，难以产生独特而深入的见解和表现。

　　其次，传统音乐教学方法对教师的依赖性过强，这在一定程度上限制了学生自主学习和主动探究能力的发展。在传统的音乐课堂中，教师通常是知识的权威传递者和学习过程的指导者，学生则更多地扮演着被动接受者。这种教学模式容易导致学生在学习过程中过分依赖教师的指导，缺乏独立思考和解决问题的能力。长此以往，学生在离开教师的帮助后，可能会感到无所适从，难以独立进行音乐学习和创作。

　　最后，传统音乐教学过于强调个体技能的培养，而忽略了学生之间的合作与交流。在这种教学模式下，个人演奏往往是教学的主要形式，学生很少有机会进行集体合作，共同创作和演绎音乐作品。这种偏向个人主义的音乐教学方法限制了学生团队协作能力的培养，使得学生在面对需要团队合作的音乐项目时，可能会显得准备不足。良好的合作精神和团队意识是音乐艺术不可或缺的一部分，而这些能力的培养恰好是传统音乐教学所忽视的。

（三）传统的音乐教学方法的适用范围和局限性

传统的音乐教学方法是一种长期以来被广泛应用的方式，它以教授音乐的方式和手段为主要内容。传统的教学方法主要包括传统的课堂教学、乐理知识的讲解和练习、乐谱的演奏等。然而，这并不意味着这些方式是完美的，它们也有其适用范围。在音乐教学的初级阶段，它适用于初学者学习音乐的基础知识和基本技能。传统的教学方法注重基础知识的传授和熟练技巧的训练，通过反复练习和记忆，学生能够建立起扎实的音乐基础。例如，教师可能会使用一些传统的教学工具，如钢琴、吉他或其他乐器，通过一对一的教学方式，让学生通过实践来掌握乐理知识和演奏技巧。这种方法尤其适合那些刚开始接触音乐的学生，他们可以在教师的引导下，逐步建立起对音乐的兴趣和信心。

除了广泛适用性外，传统的音乐教学方法在培养学生音乐素养和审美能力方面也具有一定的优势。在传统的教学方式中，学生会接触到大量的经典音乐作品，通过对这些作品的学习和欣赏，可以培养学生的音乐鉴赏能力，提高他们对音乐的理解和感受。此外，传统的音乐教学方法也注重培养学生的音乐表演能力，通过演奏作品，学生能够提高自己的演奏技巧和艺术表现能力。这不仅包括对乐器演奏技巧的提升，还包括对音乐情感的理解和表达以及对音乐结构的分析等方面的能力。传统的音乐教学方法还强调乐理知识的讲解和练习。教师通常会为学生提供系统的乐理知识教学，包括音阶、音程、和弦等基础知识。通过反复的练习和讲解，学生可以加深对这些知识的理解和记忆，为未来的音乐学习打下坚实的基础。同时，教师还会教授学生如何阅读乐谱，这是音乐表演中不可或缺的一部分。通过学习和练习乐谱演奏，学生可以更好地掌握音乐的节奏和旋律，提高他们的演奏水平。

传统音乐教学方法的局限性也不容忽视。尽管它在初学者的教育中发挥了重要作用，但在更高级别的教学中，它可能会显得过于保守和单一。随着学生技能的提高，他们可能需要更加灵活和多元化的教学方法来满足他们的需求。此外，传统的课堂教学方法可能过于注重知识的传授和技能的训练，而忽视了对学生创造力和批判性思维的培养。因此，传统的音乐教学方法存在一些局限性。

传统的教学方式侧重理论知识和技巧的灌输。在教学过程中，教师往往采用单一的教学方法，如讲授、练习等，强调乐理知识和技巧的传授，而忽视了学生的主观感受和创造。这种教学方式容易让学生感到枯燥和乏味，缺乏主动性和积极性，难以激发他们的学习兴趣和热情，从而影响学习的效果。

传统的教学方法过于注重乐理知识的传授和练习，忽略了音乐的情感和内涵。音乐是一门艺术，它不仅是技巧的展示，更是情感的表达和内涵的传递。在教学过程中，教师往往只注重乐理知识的讲解和乐谱的演奏，而忽视了对音乐情感和内涵的挖掘和培养。这使得学生难以深入理解和感受音乐，对音乐的情感和表演能力缺乏培养和提高。

传统的音乐教学方法缺乏与时代的紧密联系，不能适应现代音乐的发展和变化。随着时代的进步和音乐的发展，新的音乐形式和风格不断涌现，如电子音乐、流行音乐等。然而，传统的音乐教学方法往往局限于传统的教材和教学方式，无法适应这些新的音乐形式和风格的需求。这使得学生在学习过程中难以接触到最新的音乐知识和技能，无法跟上现代音乐的发展步伐。

传统的音乐教学方法还存在着教学手段单一、教学环境固定、缺乏实践性教学等问题。传统的教学方式通常采用课堂教学形式，教师在一对众的环境下进行授课。这种方式虽然便于管理和讲解，但容易忽视学生的个体差异和实践性教学。同时，传统的教学环境通常是固定的教室和场所，缺乏多元化的教学环境和资源，难以满足现代音乐教育的需求。

二、现代音乐教学方法的引入与应用

（一）现代音乐教学方法的概念和特点

现代音乐教学方法是一种新颖、创新的教学模式，它以现代音乐理论和教育心理学为理论基础，运用先进的教育技术和手段，为音乐教育注入新的活力。现代音乐教学方法注重学生的个性化发展，以满足不同学生的音乐需求，同时也强调音乐课程的综合性和实用性，以培养学生的全面素质。此外，现代音乐教学方法还强调学生的实践操作和自主创新能力的培养，让学生在实践中提高音乐素养和表演技巧。现代音乐教学方法的概念是在现代音乐理论和教育心理学的指导下，运用现代科技手段，创新音乐教学策略和方法，旨在提高学生的音乐素养和表演技巧，培养学生的创造力和表达能力，满足学生的个性化发展需求。

现代音乐教学方法的特点主要表现在以下几个方面。

第一，现代音乐教学方法注重学生的个体差异和发展需求。每个学生都有自己的音乐兴趣和特长，现代音乐教学方法要求教师充分尊重和理解学生的个体差异，根据学生的实际情况制订教学计划，为学生提供个性化的音乐教学服务，促进学生的全面发展。

第二，现代音乐教学方法鼓励学生自主学习和实践。现代音乐教学方法认为，学生是音乐学习的主体，只有通过自主学习和实践，学生才能真正掌握知识和技能，提高音乐素养和表演技巧。因此，现代音乐教学方法强调教师要引导学生积极参与音乐学习，培养学生的自主学习能力和实践能力。

第三，现代音乐教学方法强调音乐的综合性和实用性。现代音乐教学方法认为，音乐是一种综合性的艺术形式，它不仅包含了本身的元素，还与其他艺术形式和社会实践密切相关。因此，现代音乐教学方法强调音乐课程要与其他学科和社会实践相结合，以提高学生的综合素质和能力。

第四，现代音乐教学方法注重培养学生的创造力和表达能力。现代音乐教学方法认为，音乐是一种表达和沟通的工具，学生通过音乐可以表达自己的情感和思想，提高自己的沟通能力。因此，现代音乐教学方法强调教师要培养学生的创造力和表达能力，让学生在音乐学习中充分发挥自己的想象力和创造力。

第五，现代音乐教学方法注重与社会实践的结合。现代音乐教学方法认为，音乐是一种与社会紧密相连的艺术形式，学生通过参与音乐活动可以更好地了解社会，提高自己的社会责任感。因此，现代音乐教学方法强调教师要组织学生参加各种音乐实践活动，让学生在实践中提高音乐素养和表演技巧，同时培养学生的社会责任感。

（二）现代音乐教学方法的应用方式和方法

现代音乐教学方法不仅可以应用于学校音乐教育，还可以在音乐培训机构和社区教育中发挥重要作用。在学校音乐教育中，可以采用项目化教学和合作学习等方法，以激发学生对音乐的兴趣和热爱。通过参与音乐创作、表演和欣赏等活动，学生可以亲身体验音乐的魅力，增强他们的音乐素养。同时，通过课外活动和社团组织等形式，可以为学生提供更多的音乐实践机会，培养他们的音乐审美和创造能力。在音乐培训机构和社区教育中，现代音乐教学方法同样具有广泛的应用价值。个别辅导是一种常见的教学方式，可以根据学生的特点和需求，量身定制音乐学习计划，提供个性化的教学指导。此外，小组讨论也是一种有益的教学方式，通过学生之间的互动与合作，促进思想的碰撞和交流，培养学生的团队合作和沟通能力。通过这些方式，可以开展专业技能培训和创意音乐活动，让学生在艺术表达和社会实践中不断提升自己。

除了传统的教学方式，现代音乐教学方法还可以运用新技术和多媒体手段，如智能音乐软件以及在线教学和交流平台。这些技术工具不仅可以提供更加丰富多样的学习资源，还可以通过互动和反馈功能，帮助学生更好地理解和掌握音乐知识和技能。例如，在智能音乐软件中，学生可以通过弹奏虚拟乐器或创作音乐作品，得到实时的反馈和指导，提高他们的演奏和创作技巧。同时，这些技术工具还可以帮助学生进行在线教学和交流，与老师和同学分享学习心得和经验，拓宽音乐学习的视野和社交网络。互联网和社交媒体等平台也为现代音乐教学方法的应用提供了更广阔的空间。学生可以在网上分享自己的音乐作品和经验，借助群体的力量获得更多的认可和支持。通过与其他音乐爱好者的交流和合作，学生可以融合不同的音乐元素和风格，丰富自己的音乐语言和表达方式。同时，通过网络和社交媒体平台，学生还可以获取到全球各地的音乐资源和学习机会，拓宽自己的音乐视野和发展空间。

（三）现代音乐教学方法与传统音乐教学方法的结合

现代音乐教学方法与传统音乐教学方法的结合，是为了更好地满足学生的学习需求和兴趣发展，提供多样化的音乐学习体验。尽管传统音乐教学方法注重基础知识和技巧的传授，培养学生的乐感和音乐品位，却常常忽略了学生的创造力和表演能力的培养。而现代音乐教学方法注重培养学生的创造力和表演能力，激发学生学习音乐的兴趣和动力，但在基础知识和技巧的传授上，可能存在不足。因此，在教学实践中将传统音乐教学方法和现代音乐教学方法相结合是一个可行的方案。

一种方式是采用传统的教学模式进行基础知识和技巧的传授，如乐器演奏的基本技巧、音乐理论、乐谱的阅读等。传统音乐教学方法注重让学生掌握音乐的基本技能，为进一步学习和表达打下坚实的基础。在此基础上，可以使用现代音乐教学方法进行音乐创作、表演和欣赏的实践活动，如编曲创作、即兴演奏、自由表达等。这些实践活动可以帮助学生发展创造力、培养表演能力、提高音乐综合素养。通过将传统音乐教学方法和现代音乐教学方法相结合，既能够使学生获得扎实的音乐基础，又能够培养学生的创造力和表演能力。例如，在教授乐器演奏技巧的同时，可以引导学生进行乐曲的重新编写或即兴演奏，让学生在实践中体验到创造的乐趣和成就感。同时，也可以通过学习现代音乐创作的技巧和方法，激发学生对音乐创作的兴趣，培养他们的创造力和创新思维。这样的教学方式能够更好地激发学生的学习兴趣，提高他们的自学能力和自主发展能力。此外，现代音乐教学方法还可以弥补传统音乐教学的不足之处。传统音乐教学往往过于注重理论和技巧的训练，缺乏实践和创新的机会。而现代音乐教学方法注重学生的个性化和综合素养的培养，更加灵活多样。例如，现代音乐教学方法可以通过音乐游戏、合作创作等活动，让学生在轻松愉快的氛围中学习音乐知识和技能。而且，现代音乐教学方法也注重培养学生的听觉感知、情感表达等能力，能够更好地满足学生的审美需求。

三、音乐教学方法的探索与实践案例分析

音乐教学方法的探索与实践是提高音乐教育质量的关键。近年来，我国音乐教育工作者对教学方法进行了大量的探索与实践，总结出了一些具有借鉴意义的教学案例。这里将对三个典型案例进行分析，以期为音乐教学提供有益的启示。

案例一：情境教学在音乐教学中的运用

情境教学在音乐教学中的运用可以通过创设情境、模拟生活和激发情感等手段来有效激发学生的学习兴趣，提高他们的音乐素养。以一首乐曲《月光下的凤尾竹》为例，教师可以利用多媒体展示月光下的凤尾竹的图片，让学生仿佛置身于优美的自然环境中。在这个教学案例中，教师可以先向学生介绍这首乐曲的背景和作者，让学生了解这首乐曲的创作灵感来自月光下的凤尾竹。然后，教师引导学生观察图片上的凤尾竹，向他们展示这种植物在月光中的优美姿态和细腻的颜色。通过观察这些图片，学生可以将自己融入一个美丽的自然环境之中，感受月光下的凤尾竹所带来的宁静与安宁。接下来，教师可以播放《月光下的凤尾竹》这首乐曲，让学生聆听音乐，感受其中的节奏和旋律变化。教师可以简要解释乐曲的节奏特点和旋律走向，帮助学生更好地理解乐曲的内涵。通过情境教学的方式，学生可以在感受美好情境的同时，深入理解乐曲所表达的意境和情感。情境教学可以帮助学生将抽象的音乐概念与具体的情境联系起来，增加学习的趣味性和可理解性。通过在优美的自然环境中学习音乐，学生可以更好地体验音乐的美妙和情感表达的力量。同时，情境教学还可以培养学生的创造力和想象力，让他们通过自己的感受和表达来演绎乐曲的内涵。在使用情境教学的方法时，教师应该注意以下几点。首先，教师需要提前准备好相关的教学资源，包括图片、音乐和多媒体设备等。这些资源可以帮助学生更好地理解乐曲所表达的情感和意境。其次，教师需要引导学生积极参与教学过程，鼓励他们表达自己的感受和理解。教师可以设置一些活动和讨论，让学生互相交流和分享彼此的想法。再次，教师需要及时给予学生反馈和指导，帮助他们更好地理解和掌握音乐知识和技能。最后，教师还可以将情境教学与其他教学方法相结合，使教学更加多样灵活。通过情境教学的运用，学生对音乐的理解将更加深入，学习兴趣也将得到极大的提高。情境教学不仅可以帮助学生建立对音乐的情感连接，还可以培养他们的音乐欣赏能力和创造力。

案例二：合作学习在音乐教学中的实践

合作学习是一种以学生分组合作、共同完成任务为核心的教学方法，其在音乐教学中的实践可以培养学生的团队协作能力，提高学生的音乐实践能力。以一首歌曲《茉莉花》为例，教师将学生分成若干小组，每个小组负责学习歌曲的其中一个部分。在分组学习过程中，教师引导学生相互交流、合作，共同完成歌曲的学习和演唱。在合作学习的实践中，教师首先可以向学生介绍《茉莉花》这首歌曲的背景和意义，让学生了解这是一首充满中国传统文化特色的经典歌曲。接下来，教师将学生分成若干个小组，每个小组负责学习歌曲的其中一个部分，例如歌曲的旋律、歌词、节奏等。在分组学习的过程中，教师可以鼓励学生相互交流和合作，互相学习、研究彼此负责的部分，促使小组成员之间形成互相依赖和相互支持的关系。这样，每个小组成员都能够承担起自己的责任，并为小组的整体表现做出贡献。在小组学习的过程中，教师可以提供必要的指导和帮助，确保学生能够理解和学会自己负责的部分。教师可以设置一些学习任务和活动，例如学习歌曲的歌词和发音，练习歌曲的演唱和表情等。同时，教师可以组织小组间的交流和合作，让学生互相学习和借鉴，提高各个小组的整体表现。教师还可以通过组织小组表演的方式激发学生的学习兴趣和积极性。教师可以邀请每个小组进行歌曲的演唱和表演，并对每个小组的表现进行评价和点评。通过小组表演，学生能够将自己的学习成果展示出来，增加学习的乐趣和成就感。同时，小组表演也可以提供一个锻炼和展示学生才艺的机会，培养学生的自信心和表演能力。在合作学习的实践中，教师需要注意以下几点。首先，教师应该根据学生的实际情况，合理地组织小组，确保每个小组具有适当的人数和能力分布。其次，教师需要为学生提供足够的学习资源和支持，例如歌曲的音频和视频资料以及个别辅导和指导。再次，教师需要积极引导学生的合作学习过程，鼓励他们相互帮助和支持，形成良好的学习氛围和团队精神。最后，教师需要及时给予学生反馈和指导，帮助他们发现和克服问题，提高学习效果。

案例三：艺术性教学在音乐教育中的尝试

艺术性教学在音乐教育中的尝试旨在培养学生的审美情感、审美趣味和审美创造力。通过这种教学方法，学生可以提升音乐审美能力，培养音乐鉴赏力。以古典音乐作品《月光奏鸣曲》为例，教师可以通过讲解作曲家贝多芬的生平和创作背景，让学生了解作品的创作意图和艺术价值。在教学过程中，教师引导学生关注作品的旋律、和声、节奏等方面的特点，培养学生的音乐审美意识。通过艺术性的教学方式，学生可以更加深入地理解音乐作品，提高音乐鉴赏水平。在实践艺术性教学的过程中，教师首先需要准备相关的教学材料和资源。教师可以收集和整理与《月光奏鸣曲》相关的音频、视频、图片等资源，为学生提供多样化的学习材料和创作素材。同时，教师还可以寻找与作曲家贝多芬相关的资料，介绍其生平、创作背景和艺术风格等内容，让学生能够更好地了解作曲家和作品之间的联系。在教学过程中，教师可以利用多媒体设备播放《月光奏鸣曲》的音频，让学生聆听这首音乐作品。教师可以引导学生集中注意力，聆听音乐的旋律、节奏以及和声等方面的特点。通过反复聆听和讨论，学生可以逐渐深入理解作品的表达和情感。教师还可以设计一些创作活动，鼓励学生通过绘画、写作、舞蹈等形式来表达对《月光奏鸣曲》的感受和想法。学生可以绘制与音乐相关的图画，写下对作品的描述或反思，甚至可以进行自由舞蹈，与音乐同步。这些创作活动可以帮助学生更好地感知和理解音乐中的情感和意境。在艺术性教学的实践中，教师需要注重学生个体的表达和创造。教师可以鼓励学生在表达过程中发挥个性，尊重学生的差异和多样性。同时，教师可以借助评价和反馈来促进学生的艺术发展。教师可以评价学生的表达和创作成果，并给予积极的鼓励和指导。这样，学生会感受到教师的关注和支持，进一步激发他们的创造力和表达欲望。艺术性教学在音乐教育中的应用有助于培养学生的审美情感和审美能力，提高他们对音乐作品的理解和欣赏水平。学生可以通过自己的表达和创造来体验音乐的艺术魅力，发展个人的审美品位和艺术素养。

第六章

中小学音乐教育教学资源的整合与利用

一、音乐教学资源的分类与评估

（一）音乐教学资源的分类方法

在对音乐教学资源进行分类时，可以根据其形式、内容和来源等多个维度来进行分类。

按照形式进行分类，音乐教学资源可以分为文本资源、音频资源、视频资源和数字化资源等几个类别。文本资源包括乐理知识、乐谱和教案等教学材料，可以为学生提供学习音乐理论知识和技能所需的文字材料。音频资源主要指各种音乐作品和乐器演奏等声音材料，可以让学生听到不同类型和风格的音乐作品，从而培养他们的听力和音乐鉴赏能力。视频资源包括音乐教学视频和音乐会实况等视觉材料，可以为学生展示音乐演奏的技巧和艺术表达的特点，使他们对音乐的理解更加全面和深入。数字化资源则涵盖了以上几种形式，并且可以通过计算机网络进行传播和处理，使音乐教学资源的获取和应用更加方便和高效。

按照内容进行分类，音乐教学资源可以分为音乐作品资源、音乐知识资源、音乐技能资源和音乐文化资源等几个类别。音乐作品资源包括各种风格和类型的音乐作品，可以让学生欣赏和研究不同的音乐风格和流派。音乐知识资源涉及乐理、和声、曲式等理论知识，可以帮助学生系统地学习音乐的基础知识和理论原理。音乐技能资源是指演奏、演唱等实践技能，可以提供乐器演奏和声乐训练等方面的教学资源，帮助学生提高技能水平。音乐文化资源包含了音乐历史、音乐人物、音乐思想等内容，可以让学生了解音乐的文化背景和社会意义，培养他们对音乐的文化素养和审美能力。

按照来源进行分类，音乐教学资源可以分为校内资源、校外资源和网络资源等几个类别。校内资源主要是指学校图书馆、音乐教室、音响设备等在学校内部提供的音乐教学资源。学校图书馆可以提供丰富的音乐书籍和期刊，音乐教室和音响设备可以为学生提供良好的音乐学习和演奏环境。校外资源包括社区音乐中心、文化宫、音乐博物馆等，可以为学生提供更广泛和多样化的音乐教学资源，丰富学生的音乐学习体验。网络资源则是指互联网上的音乐教育网站、在线音乐数据库等，可以通过网络获取和分享丰富的音乐教学资源，方便学生在任何时间和地点进行学习和练习。

（二）音乐教学资源评估的标准

音乐教学资源的评估标准是为了确保资源的质量和适用性，使其能够满足教学的需求。评估的标准主要包括资源的质量、适用性、可获取性、更新频率和用户评价等几个方面。资源的内容应该准确、科学且无误，能够反映音乐教学的最新研究成果。这意味着资源中所提供的信息必须经过严格的筛选和审核，确保其准确性和科学性。只有这样，教师才能在教学中信任并应用这些资源，学生也能够从中获得有效的学习帮助。适用性要求资源能够满足不同年级、不同水平的学生的需求，并适应多种教学方法。不同年级学生的音乐学习需求和学习能力是不一样的，因此教学资源必须能够根据不同的学生群体和不同的教学目标进行相应的调整和优化。资源的适用性也包括资源所包含的教学活动和练习能否贴合学生的实际情况和学习需求。资源的可获取性要求资源容易获取，方便使用，而不需要付出太多的时间和精力。资源的可获取性也包括资源的存储和传输方式是否方便，是否能够在不同的设备上进行访问和使用。此外，更新频率要求资源能够及时更新，保持信息的时效性。音乐教学领域的研究和发展日新月异，因此教学资源必须能够紧跟最新的研究成果和教学方法。只有保持资源的时效性，才能够确保教学的有效性和学生的学习成效。最后，评估需要考虑用户评价。用户评价可以通过教师和学生的反馈来了解资源的使用效果和存在的问题。教师和学生的意见和建议是评估教学资源的重要依据，可以帮助改进和优化资源的设计和使用。通过用户评价，可以发现资源中存在的问题和不足之处，并提出相应的解决方案。

（三）音乐教学资源的有效性评估方法

在当今的音乐教育领域，教学资源的丰富性和多样性为音乐教育者提供了更多的选择。然而，如何评估这些资源的有效性，以便更好地满足教学需求，成为音乐教育者面临的一个重要问题。为了解决这个问题，需要采用一系列有效的评估方法来评估音乐教学资源的有效性。这些方法主要包括实地调查法、问卷调查法、访谈法、案例分析法和实验研究法等。

实地调查法是一种直观且实用的方法，通过观察和记录教学现场，可以了解资源的使用情况。这种方法可以帮助了解教师和学生如何使用这些资源以及他们使用过程中的反馈和意见。实地调查法提供了一个了解教学资源在实践中的应用和效果的途径。

问卷调查法是一种更系统化的方法，通过设计问卷，可以收集教师和学生对资源的意见和建议。这种方法可以更全面地了解资源的使用情况，包括优点和不足以及可能的改进措施。问卷调查法的结果可以提供更深入的分析和数据支持。

访谈法是一种深入了解人们观点和感受的方法，通过与教师、学生和管理人员的面对面交谈，可以了解他们对资源的需求和评价。这种方法可以更全面地了解教学资源在各个层面的影响和使用效果，进行更深入的观察。

案例分析法是一种通过对典型教学案例进行深入分析的方法，通过分析具体的教学过程中资源的使用情况，可以了解资源在实际教学中的应用效果。这种方法可以帮助发现教学资源在不同教学情境下的适用性和局限性，为资源的进一步优化提供依据。

实验研究法是一种通过控制条件进行实验的方法，通过在控制条件下进行实验，比较不同资源的使用效果，可以得出更为客观和科学的结论。这种方法可以了解资源在不同环境下的适用性和效果差异，为教学资源的优化提供科学依据。

这些评估方法各有优缺点，可以根据实际情况和需求进行选择和组合使用。实地调查法可以提供直观的现场观察，但可能受到时间、地点和人力的限制；问卷调查法可以提供更系统化的数据收集，但可能受到参与度和真实性的影响；访谈法可以深入了解个体的观点和感受，但可能受到访谈对象的主观性影响；案例分析法可以提供具体的教学过程分析，但可能受到样本大小和代表性的限制；实验研究法可以提供更为客观和科学的结果，但可能受到实验控制和时间成本的限制。在评估过程中，需要考虑资源的多样性和复杂性以及使用者的多样性和差异性。同时，还需要考虑资源的长期效果和可持续性以及与其他教学策略的配合效果。通过综合运用各种评估方法，可以更全面、更客观地评估音乐教学资源的有效性，为音乐教育的优化和发展提供有力支持。

二、音乐教学资源的开发与整合

（一）制订音乐教学资源开发计划

制订音乐教学资源开发计划的首要目的是在整合与利用音乐教学资源之前，确保能够系统地、有针对性地进行资源的开发与选择。一个合理的教学资源开发计划包括了资源开发的范围、目标、时间、预算和责任人等要素的详细规划。

第一，要明确资源开发的范围。音乐教学资源是一个广泛的概念，包括课堂教学教材、多媒体教学软件、乐器设备、音频视频资料等。因此，在制订教学资源开发计划时，需要明确所要开发的具体内容和形式，确定开发的重点和优先级。

第二，要明确资源开发的目标。教学资源的开发目标通常包括提高学生的音乐素养、促进学生的创造能力和表现能力等。根据具体的教学目标，选择适合的教学资源，确保资源能够有效地支持教学目标的实现。

第三，要确定资源开发的时间。时间是制订教学资源开发计划时需要考虑的重要因素。在教学工作中，时间通常是有限的，因此需要在教学资源开发计划中明确资源开发的时间安排，合理安排时间，确保资源能够及时完成，以满足教学的需要。

第四，要确定资源开发的预算。资源开发需要耗费一定的人力、物力和财力。在制订教学资源开发计划时，需要合理预估所需的资源开发成本，制定合理的预算方案，确保资源开发的顺利进行。

第五，要确定资源开发的责任人。资源开发需要有专业的人员进行操作和管理，因此在制订教学资源开发计划时，要明确资源开发的责任人，确保资源能够专业、高效地开发和管理。教学资源的选择与开发应该根据学生的年龄、认知水平和教学需求进行。

教学资源应该能够吸引学生的兴趣，激发学生的学习积极性，并能够促进学生的认知发展和学习能力的提高。因此，在选择与开发教学资源时，要考虑学生的年龄特点，根据不同年龄段学生的特点与需求，选择合适的教学资源。此外，教学资源的选择与开发还需要考虑资源的科学性和有效性。科学性是指教学资源与教学内容的匹配程度，资源的科学性可以通过资源的教学设计、教学原则和教学方法等方面来体现。有效性是指教学资源在教学过程中能够发挥应有的作用，能够有效地促进学生的学习和发展。因此，在选择与开发教学资源时，要确保资源的科学性和有效性，满足教学的需要。

（二）音乐教学资源的优化与更新

教学资源的不断优化与更新是教育领域中一个永恒的话题，尤其在音乐教育领域。随着时代的发展和学生需求的不断变化，音乐教学资源必须不断优化和更新，以适应这种变化。定期收集新的教学资源是优化和更新音乐教学资源的必要手段。音乐教学资源不仅包括传统意义上的音乐教材、乐谱、录音带等实体资源，也包括数字化资源、在线课程、电子书、网络资源等新兴媒体形式。需要不断地收集最新的教学资源，以确保学生能够接触到最新的音乐知识和技能。同时，也应该积极探索新的资源收集途径，例如与其他音乐机构、教师、专业人士的合作，共同分享和交流教学资源。

对现有教学资源进行评估和调整也是非常关键的。现有的教学资源可能存在一些问题或缺陷，如内容陈旧、形式单一、与现代教学方法不匹配等。因此，需要定期对这些资源进行评估，找出问题所在，并及时进行调整和更新。评估可以采取多种方式，如教师观察、学生反馈、在线调查等，以便全面了解学生的学习需求和教学现状。

除了定期评估和调整，还应该注重教学资源的更新形式和内容。随着技术的不断进步，教学方式和手段也在不断变化，应该积极探索新的教学资源和形式，如虚拟现实、增强现实、AI音乐教学系统等，以适应这种变化。同时，也应该注重教学资源的文化多样性和包容性，以适应不同学生的需求和背景。优化和更新教学资源的目的就是更好地满足学生的学习需求，提高教学质量。通过不断优化和更新的教学资源，可以为学生提供更加丰富、多元、高质量的音乐教育资源，帮助他们更好地理解和欣赏音乐，培养他们的音乐素养和创新能力。同时，这也将有助于提高教师的教学水平，促进音乐教育的普及和发展。为了实现这一目标，需要建立一个持续更新的教学资源系统，包括教学资源收集、评估、调整、更新等环节。此外，还需要加强教师培训，提高他们对现代教学方法和技术的学习和应用能力，以便更好地利用教学资源进行教学设计和管理。同时，也需要鼓励学生参与教学资源的设计和评估过程，去更好地了解他们的需求和反馈，从而不断优化和更新教学资源。

（三）音乐教学资源的整合与适配

在音乐教学中，有效整合和适配音乐教学资源是提高教学效果的关键。这样做不仅可以提供多样化的资源选择，还可以满足不同学科和地域的需求。为了确保资源的适配性，还需要根据学生的实际情况和教学需求来选择适合的资源。整合不同形式的教学资源是一种常见的途径。音乐教学资源多种多样，包括音乐乐谱、音乐录音、音乐视频等。这些资源可以整合在一起，形成综合的学习材料。例如，可以将乐谱与相应的录音或视频进行整合，让学生在学习的过程中既可以阅读乐谱，又可以听到音乐的演奏效果，提升学生对音乐的理解和感知能力。整合不同学科的教学资源也是一种有效的做法。音乐教学与其他学科之间存在许多联系，比如音乐与绘画、音乐与文学等。通过整合这些和音乐相关的学科资源，可以促进学生的跨学科学习。例如，可以配合音乐作品演奏、听音等活动，让学生了解音乐与绘画之间的联系，培养学生的综合艺术素养。

此外，不同地域的音乐教学资源也可以进行整合和适配。音乐是世界性的艺术形式，每个地区都有自己独特的音乐文化。通过整合和适配不同地域的音乐资源，可以让学生了解和体验不同地域的音乐风格和文化传统。例如，可以引入不同国家或地区的音乐作品、音乐乐器等资源，激发学生对音乐的兴趣，拓宽他们的音乐视野。在整合和适配音乐教学资源时，需要根据学生的实际情况和教学需求选择适合的资源。学生的音乐水平、年龄、兴趣等因素都会对教学资源的选择产生影响。因此，在整合和适配音乐教学资源时，教师应该深入了解学生的特点和需求，根据不同学生的差异进行资源的定制。例如，对于初学者，可以选择简单易懂的音乐教材和资源，注重基础训练和兴趣启发；对于专业学习音乐的学生，可以选择更深入的专业教材和资源，培养他们的专业能力。

整合和适配音乐教学资源还需要注重教学环境的因素。教室设备、音响设备、互联网速度等也会对资源的整合和适配产生影响。教师应该充分考虑教学环境的实际情况，确保教学资源的使用顺畅，并保证学生能够正常地接触和参与到教学过程中。

（四）音乐教学资源的保存与管理

为了确保音乐教学资源的长期保存和有效管理，需要建立一套完善的资源保存和管理制度。应该对教学资源进行分类，包括按照不同学科、不同级别、不同年龄段进行区分。这样有利于教师在需要的时候快速找到适合的教材和教学资源。对于教学资源的存档和备份也非常重要。教师在使用教学资源时，应该将其妥善地保存在电脑或云盘等存储设备上，并定期进行备份，以防止数据丢失或损坏。此外，还可以利用专门的教学资源管理软件，将各类资源整理分类，并附上详细的描述和标签，方便教师查找和使用。

教学资源的安全管理也需要引起重视。教师在使用教学资源时需要确保其来源合法、版权正版，并且不泄露学校和个人的隐私。对于教学资源的使用权限，也需要进行合理的控制，规定哪些资源可以被哪些人使用，并设置相应的权限和密码。这样可以有效防止教学资源被滥用或盗用。为了保证教学资源的完整性和可用性，需要定期对教学资源进行检查和维护。教师可以定期检查资源的有效性、完整性和更新情况，及时发现和修正问题。同时，还可以进行资源的维护和修复，确保其正常运行和使用。此外，还应该建立教学资源的共享机制，提高教学资源的利用效率。教师可以将自己制作的优质教学资源分享给其他教师，也可以主动向其他学校、教师和专家学习和借鉴优秀的教学资源。同时，也可以通过教学资源平台或社交媒体分享自己的教学经验和资源，促进资源共享和交流。

教师还应该注重音乐教学资源的获取途径和方式。现代信息技术和网络资源给教师带来了许多便利，教师应该充分利用这些资源获得高质量的音乐教学资源。例如，可以通过各类音乐网站、音乐论坛、教学资源平台等获取免费的音乐素材、音乐软件、音乐视频等。同时，还可以关注各类音乐教育机构和团体的活动和资源发布，及时获得最新的音乐教学资源。与其他学校、教师和专家的合作与交流也是获取音乐教学资源的重要途径之一。教师可以参加音乐教学研讨会、学术交流活动，与其他教师和专家分享自己的教学经验，听取他们的意见和建议。也可以与其他学校建立合作关系，共同开发适合本校学生的音乐教学资源，互相借鉴和学习，提高教学质量。

三、音乐教学资源的利用策略与实践

（一）音乐教学资源的选择与匹配

音乐教学资源包括听力材料、视频、音乐软件、乐器等。在选择音乐教学资源时，教师应考虑以下几个方面。

第一，要根据教学目标选择音乐教学资源。教学目标是教师在教学过程中要达到的预期结果，教师可以根据不同的教学目标选择不同类型的音乐教学资源。例如，如果教学目标是培养学生的音乐欣赏能力，可以选择一些经典音乐作品和音乐会录像作为教学资源。

第二，要根据学生的学习水平选择音乐教学资源。学生的学习水平不同，对音乐教学资源的需求也不同。教师应根据学生的音乐知识和技能水平选择适合他们的教学资源。例如，对于初学者，可以选择一些简单易懂的教学材料；对于进阶学生，可以选择一些难度适中的教学资源，以提高他们的技能水平。

第三，要考虑教学场景和教学时间的条件。教学资源的选择也要考虑到教学场景和教学时间的限制。例如，如果教学场景是教室，可以选择一些适合教室环境的音乐教学资源；如果教学时间有限，可以选择一些简短的音乐教学资源，以充分利用有限的时间。

（二）音乐教学资源应结合教学内容与目标

将音乐教学资源与教学内容和目标相结合是音乐教学中非常重要的一环。

第一，要根据教学内容选择合适的音乐教学资源。教学内容是指要教授给学生的知识和技能，教师应根据教学内容选择合适的音乐教学资源。例如，如果教学内容是教授学生欣赏古典音乐，可以选择一些经典的古典音乐作品作为教学资源；如果教学内容是教授学生音乐理论知识，可以选择一些与音乐理论相关的教学资源。

第二，要根据教学目标选择合适的音乐教学资源。教学目标是教师在教学过程中要达到的预期结果，教师应根据教学目标选择合适的音乐教学资源。如果教学目标是提高学生的演奏技巧，可以选择一些乐器教学视频作为教学资源；如果教学目标是培养学生的创作能力，可以选择一些音乐创作软件作为教学资源。

第三，要将音乐教学资源与教学内容和目标相结合。教师应将音乐教学资源融入教学过程中，与教学内容和目标相结合，以提高教学效果。例如，可以通过观看音乐会录像和演奏视频来培养学生的音乐欣赏能力；可以通过使用音乐编辑软件和乐器演奏来培养学生的创作能力。

第四，要根据学生的学习特点和需求进行差异化教学。每个学生的学习特点和需求都不同，教师应根据学生的学习特点和需求，灵活运用音乐教学资源进行差异化教学。例如，对于学习能力较弱的学生，可以选择一些简单易懂的音乐教学资源进行辅导；对于学习能力较强的学生，可以选择一些难度较高的音乐教学资源进行挑战。

（三）音乐教学资源的灵活运用

音乐教学资源的利用不应仅限于教师展示和学生被动观看，而是应灵活运用于教学过程中，以激发学生的兴趣和积极参与。首先，可以利用音乐教学资源进行互动教学。例如，在教学中展示音乐视频或演奏录音，教师可以鼓励学生参与其中，可以要求学生分析演奏技巧、曲式结构、情感表达等，促使学生积极思考和互相讨论。教师还可以利用音乐软件进行实时的互动演奏或合唱，让学生亲身体验音乐创造的乐趣。其次，可以利用音乐教学资源进行个性化教学。每个学生的音乐兴趣和特长不同，教师可以根据学生的喜好和特点，灵活选择音乐教学资源。例如，可以让学生根据自己的喜好选择歌曲进行演唱，或选择乐器进行学习和演奏。通过个性化的教学资源选择，可以激发学生的学习兴趣和积极性。再次，可以利用音乐教学资源进行跨学科教学。音乐与其他学科有着密切的联系，可以与数学、语言、历史等学科进行有机的结合。例如，在学习乐理知识时，可以引入数学的概念和应用；在学习音乐历史时，可以结合历史事件和社会背景进行讲解。通过跨学科的教学，可以丰富学生的知识广度和深度。最后，可以利用音乐教学资源促进创造性思维和表达能力的培养。音乐是一门创造性的艺术形式，可以通过音乐教学资源培养学生的创造性思维和表达能力。例如，教师可以鼓励学生利用音乐软件进行音乐创作，让学生充分发挥自己的想象力和创造力。还可以利用音乐教学资源进行音乐表演和演出，让学生展示自己的表达能力和舞台表现力。

（四）学生参与音乐教学资源的使用

在音乐教学中，学生不仅是被动接受教师指导的学习者，他们还应该积极参与音乐教学资源的使用。让学生参与资源的选择有助于激发他们的学习动机和主动性。教师可以赋予学生自主选择音乐教学资源的权利，并鼓励他们根据自己的兴趣和需求来做选择。例如，教师可以提供一个音乐资源库，包括各种风格的音乐、不同难度的乐曲、各类音乐资料等，学生自主选择的过程中，可以根据自己对音乐的喜好和自身水平的考虑来挑选适合自己的资源。通过参与资源的选择，学生可以更加主动地投入到音乐学习中。他们可以根据自己的兴趣选择感兴趣的音乐作品进行学习和欣赏，这样他们会更加乐于去探索音乐的世界。同时，他们也可以根据自己的需求选择适合自己的资源，比如有些学生可能需要更简单的音乐乐谱来练习技巧，而有些学生可能希望挑战更复杂的音乐作品来提高自己的水平。只有根据不同学生的个体差异来选择资源，才能真正满足他们不同的学习需求。学生参与资源的选择也可以培养他们的自主学习的能力。在选择资源的过程中，学生需要学会分析和评估不同资源的优缺点，并做出合理的决策。这样的能力对于他们未来继续学习音乐或者其他学科都是非常重要的。通过给学生提供资源选择的自主权，可以培养他们的判断力和决策能力，促进他们的整体发展。

学生还可以参与音乐教学资源的评价和解析。教师可以引导学生对所使用的音乐教学资源进行评价和解析，让他们理解音乐资源的价值和作用。学生可以从多个角度对音乐教学资源进行评价，如演奏技巧、曲式结构、情感表达等。通过评价和解析，学生可以深入了解音乐资源的特点和优势，加深对音乐的理解。学生可以对音乐教学资源的演奏技巧进行评价。他们可以分析资源中的技术要求和难点，并通过自己的演奏实践来评估这些要求和难点是否符合自己的水平和能力。例如，一首乐曲可能需要高难度的技巧，对于刚开始学习的学生来说可能过于困难，而他们可以选择能够满足自己水平的乐曲进行练习。通过对资源演奏技巧的评价，学生可以在自主选择资源时更加明确自己的技术水平和发展方向。学生也可以从曲式结构的角度对音乐教学资源进行评价。他们可以分析资源中的曲式结构和乐章之间的关系，并评估这种结构对于音乐表达和感受的影响。例如，一首大型交响乐曲可能包含多个乐章，每个乐章都有不同的情感和表达，学生可以通过对乐曲结构的解析来理解每个乐章的独特之处，并欣赏乐曲整体的艺术价值。通过对资源曲式结构的评价，学生可以加深对音乐的理解，培养对音乐作品整体结构的敏感性。在评价音乐教学资源时，学生还可以关注资源的情感表达。他们可以分析资源中的情感氛围和情感表达手法，并通过自己的表演实践来感受和传达其中的情感。例如，一首悲伤的小夜曲可能需要表达出深沉的哀伤和无奈，学生可以通过自己的表演来传达这种情感，并通过评价来判断自己是否达到了预期的表达效果。通过对资源情感表达的评价，学生可以培养自己对音乐情感的理解和表达能力。通过参与音乐教学资源的评价和解析，学生可以提升自己的音乐素养和表演能力。他们可以通过对资源的评价来发现优点和不足之处，并在自己的实践中融入这些发现，不断完善自己的表演技巧和理解能力。例如，学生可以通过评价发现一首乐曲的情感细腻之处，然后自己在演奏时加强对细节和情感的把握，从而提升自己的表演呈现效果。通过解析音乐资源，学生可以深入了解音乐的艺术语言和表达方式，加深对音乐的理解和欣赏。例如，学生可以解析一首乐曲的和声、旋律和节奏等要素，并尝试将这些要素运用到自己的演奏中，提升自己的表演技巧和艺术表达。学生参与音乐教学资源的评价和解析也可以培养他们的批判性思维和创造性思维。在评价和解析的过程中，学生不仅要发现问题和不足之处，还要提出改进的建议和创新的想法。例如，学生可以评价一份音乐教学资源的教学效果，并提出自己的改进意见，如增加互动性、设计更有趣的练习方式等。通过参与资源的评价和解析，学生可以培养自己的分析能力、评判能力和创造能力，提高他们在音乐学习中的独立思考和解决问题的能力。

此外，学生可以参与音乐教学资源的创作和演奏。音乐教育是学生全面发展的重要组成部分，它不仅能够提升学生的审美素养，还能锻炼他们的创造力和团队协作能力。在音乐教学中，学生不仅是被动的接受者，更可以成为音乐的创作者和表演者。教师可以通过多种方式鼓励和指导学生参与到音乐教学资源的创作和演奏中来，音乐教育变得更加生动和有趣。教师可以引导学生利用现代音乐软件进行音乐创作。在当今这个信息技术高速发展的时代，音乐软件的种类繁多，功能强大，几乎可以满足学生创作的各种需求。例如，GarageBand、FL Studio、Ableton Live 等软件不仅操作简便，而且拥有丰富的音效库和节奏模板，可以帮助学生轻松地创作出自己的音乐作品。教师可以为学生提供相关的培训和指导，让学生熟悉这些软件的基本操作，进而鼓励他们发挥自己的想象力和创造力，创作出属于自己的音乐。教师可以组织各种音乐演奏活动，让学生在实践中提升自己的演奏技能和舞台表现力。无论是独奏、合奏还是室内乐，演奏活动都能让学生更深入地理解音乐作品的结构和内涵。在准备演奏的过程中，学生需要与同伴进行密切的沟通和配合，这无疑是对团队协作能力的锻炼。此外，舞台表演还能帮助学生克服紧张情绪，提升自信心。当他们站在舞台上，灯光照耀，观众注视，他们会意识到自己是一个独立的个体，有着展示自己才华的能力和勇气。合唱活动也是一种极好的音乐教学形式。不仅能够培养学生的音乐节奏感和集体荣誉感，还能使他们学会倾听和尊重他人。在合唱中，每个学生都是整体的一部分，他们的声音需要与声音和谐地融合在一起。这要求学生在演唱时不仅要关注自己的发音和音准，还要关注整体的音乐效果。这样的训练有助于培养学生的集体意识和团队精神，让他们在未来的学习和工作中更好地融入集体，共同为实现团队目标而努力。在鼓励学生进行音乐创作和演奏的同时，教师还应注重培养他们的音乐鉴赏能力。音乐鉴赏不仅是对音乐作品的旋律、和声和节奏的欣赏，更是对音乐背后的文化、历史和情感的理解。教师可以为学生推荐各种类型的音乐作品，让他们了解不同音乐流派的特点和发展历程。通过对比分析，学生可以更好地理解音乐作品的独特价值，从而提升自己的音乐素养。

　　学生参与音乐教学资源的分享和交流这一环节，在整体的学习过程中占据了非常重要的地位。这种交流与分享的形式不仅为每个学生提供了一个宝贵的机会去展示自己对于音乐教学资源的独特理解和见解，同时也可以从中学习到其他同学的想法和经验。在这个过程中，学生可以大胆地将自己喜爱的音乐教学资源分享给其他同学，与他们进行深入的交流和互动，从而建立起一种积极的、共享的、互相学习的音乐学习环境。学生可以将自己收集的各类音乐教学资源进行整理和分类，以便分享给其他同学。通过分享这些资源，学生不仅可以展示自己的学习成果，也可以为其他同学提供一种新的学习视角和资源。在分享的过程中，学生需要清晰地表达自己的观点，解释为什么选择这些资源以及它们对自己的学习有何帮助。这种分享不仅可以促进学生对音乐教学资源的理解和掌握，同时也可以激发其他同学的共鸣和兴趣，从而形成一个良好的学习氛围。除了资源的分享，学生还可以通过交流和互动来深化对音乐的理解和掌握。与其他同学进行讨论和交流，可以让学生从不同的角度去理解和欣赏音乐。他们可以讨论不同的音乐风格、流派、作曲家、音乐理论等，从而拓宽自己的音乐视野。在交流的过程中，学生需要倾听他人的观点，尊重他人的想法，并尝试从中获取新的启示和灵感。这种交流不仅可以提高学生的批判性思维和沟通能力，同时也可以帮助他们更好地理解和欣赏音乐。通过参与音乐教学资源的分享和交流，学生还可以相互学习和借鉴彼此的经验和方法。这种学习方式不仅可以提高学生的学习效率，同时也可以培养他们的团队协作能力和集体荣誉感。他们可以从其他同学的分享中学习到不同的学习方法和技巧，并将其应用于自己的学习过程中。同时，他们也可以借鉴其他同学在音乐学习过程中的经验和教训，从而更好地规划自己的学习路径，避免重蹈覆辙。此外，参与音乐教学资源的分享和交流还可以进一步拓宽学生的音乐视野。通过与其他同学的交流和分享，学生可以接触到更多的音乐风格、流派和作曲家，从而拓宽自己的音乐认知并提高音乐欣赏能力。这种交流不仅可以提高学生的音乐素养，同时也可以激发他们对音乐的热情和兴趣，从而更加积极地投入到音乐学习中去。参与音乐教学资源的分享和交流也是一种非常好的互动方式。通过这种方式，学生可以建立一种积极的、共享的、互相学习的关系，从而形成一个良好的学习社区。在这个社区中，学生可以相互支持和鼓励，共同进步和提高自己的音乐水平。这种社区化的学习方式不仅可以提高学生的归属感和成就感，同时也可以为他们的未来发展打下坚实的基础。

（五）教师培训与指导的实施

为了有效利用音乐教学资源，教师需要接受相关的培训和指导，提高自己的教学能力和技术水平。首先，学校可以邀请专业音乐教育机构或音乐教育专家进行音乐教学资源的培训，教师可以学习如何选择、运用和评价音乐教学资源。其次，可以通过教师互助交流进行音乐教学资源的分享和指导。学校可以组织教师互助交流活动，让教师分享自己在音乐教学中使用的优秀资源和实践经验。通过互助交流，可以提高教师对音乐教学资源的认识和运用能力。再次，可以通过现场观摩和师徒指导来提升教师的教学能力。学校可以安排教师到优秀的音乐教学班级进行现场观摩，亲自感受和学习优秀的音乐教学资源的使用。同时，学校还可以安排经验丰富的教师指导新任教师，对其进行专业的指导和辅导。最后，在使用音乐教学资源的过程中，学校可以建立反馈机制，及时了解教师和学生对音乐教学资源的评价和需求。学校可以根据反馈意见不断改进和完善音乐教学资源，并提供相应的培训和指导。

第七章

中小学音乐教育教学评价与反馈机制的建立

一、音乐教育教学评价的目的与意义

（一）确定学生的音乐水平和发展需求

在音乐教育教学过程中，教师的首要任务是确保教学内容、方法和手段能够适应学生的实际需求，进而推动他们的音乐素质和能力的提升。为了实现这一目标，教师必须对学生当前的音乐水平有一个准确的认识，包括他们在音乐技能、音乐鉴赏、音乐创作等各方面的优势和不足。这样，教师才能根据学生的实际情况，有针对性地调整教学内容和方法，确保教学质量满足学生的音乐发展需求。音乐教育教学评价是一种旨在全面了解学生音乐素质和能力水平的手段。它通过观察、测试、问卷调查等多种方式，对学生在音乐技能、音乐鉴赏、音乐创作等方面的实际水平进行评估。这些评估结果将有助于教师深入了解学生的音乐基础，发现他们的优势和不足，从而有针对性地调整教学内容和方法，满足学生的音乐发展需求。音乐教育教学评价不仅有助于教师了解学生的音乐水平，还提供了有力的数据支持。教师可以根据评价结果，制定更加合理的教学计划和目标，确保教学内容、方法和手段能够适应学生的实际需求。这有助于提高教学质量，促进学生的全面发展。通过对学生音乐水平的评估，教师可以发现学生的兴趣点和潜力，为他们提供更加适合的教学内容和方式。例如，对于那些对音乐创作有浓厚兴趣的学生，教师可以为他们提供更多的创作机会和资源，帮助他们发展自己的音乐才华。而对于那些在音乐技能方面有困难的学生，教师可以通过更加细致的教学和辅导，帮助他们逐步提高自己的音乐水平。此外，音乐教育教学评价还可以激发学生的学习兴趣，提高他们的学习积极性。当学生了解到自己的音乐水平和潜力时，他们会更加明确自己的学习目标，有针对性地进行自我提升。这有助于形成积极的学习氛围，提高教学质量。在音乐教育教学过程中，教师应充分利用音乐教育教学评价的优势，不断调整教学内容和方法，以满足学生的音乐发展需求。同时，教师还应关注学生的个体差异，因材施教，充分发挥每个学生的潜能。

（二）为教师提供改进教学的参考

音乐教育教学评价是一个复杂而重要的过程，它不仅是简单地对学生的音乐水平进行评估，更是对教师教学工作进行深入反思和总结的过程。通过这一评价，教师可以清晰地认识到自己在教学中存在的不足和需要改进的地方，这不仅有助于教师提升自身的教学能力，还能推动教学质量的全面提升。评价的结果对于教师来说具有指导性的意义，它可以作为教师调整教学策略、优化教学资源的有力依据。在教学过程中，教师需要关注每一个学生的个体差异，以便更好地满足他们的学习需求。通过评价，教师能够了解学生在音乐学习中遇到的困难，从而调整自己的教学方式和策略，使教学更加具有针对性和有效性。以学生对音乐技能的掌握为例，如果评价结果显示学生对某项音乐技能的掌握不够熟练，教师就可以针对性地调整教学计划和方式。比如，增加对该技能的讲解和练习时间，或者通过采用更加生动、直观的教学方法来提高学生的学习兴趣和效果。这样的做法，不仅能够帮助学生更好地掌握音乐技能，还能够激发他们的学习热情。此外，评价结果还可以帮助教师优化教学资源。教学资源包括教学场地、设备、教材等，这些因素都会影响到教学的效果。通过评价，教师可以发现哪些教学资源需要调整和优化，以达到更好的教学效果。例如，如果评价结果显示学生在某个教学场地学习效果较好，那么教师就可以考虑将更多的课程安排在这个场地进行。如果评价结果显示某本教材不太适合学生，教师就可以考虑更换更适合的教材。在实际的音乐教学中，评价应该是一个持续的过程，它不应该只停留在一次考试或者一次表演之后。相反，评价应该贯穿在整个教学过程中，教师需要不断地收集学生的学习信息，不断地进行反思和调整。这样的评价过程不仅可以提高教师的教学能力，还可以提高学生的学习效果。评价的过程也应该是一个互动的过程，教师和学生都可以参与到评价中来。教师可以通过学生的反馈来了解自己的教学效果，学生也可以通过教师的反馈来了解自己的学习情况。这种互动的评价方式可以增加教师和学生的沟通，有助于建立良好的师生关系。

（三）评价音乐教育教学的效果和成果

音乐教育教学的评价不仅是对学生音乐水平的评估，更是对整个音乐教育过程和成果的检验。通过评价，能够全面了解音乐教育的发展状况，为进一步改进音乐教育提供依据。评价音乐教育教学效果和成果的目的是多方面的。通过评价，能够了解学校、教师和家长的努力是否达到了预期的效果。这不仅有利于了解教学的效果如何，还能够为今后的音乐教育改进提供指导。评价还能够发现音乐教育在培养学生音乐素养、审美情趣、创新能力等方面的成果，进一步推动音乐教育的改革与发展。定期评价对于教师来说至关重要，它不仅能让教师了解自己在教学过程中的成效和需要改进的地方，还能为教师提供一个深入探索和改进教学方法的机会。通过评价，教师可以发现自己的不足之处，并有针对性地做出调整和改进，进一步提高自身的教学水平。定期评价能够帮助教师认清自己的优势和不足。在教学过程中，教师可能会有自己的教学风格和方法，但评价可以让教师客观地看待自己的教学成果，并发现自己不足的地方。评价可以全面地考察教师的教学能力，包括教学内容的设计、教学方法的选择、教学过程的组织和教学效果的评估等。通过评价，教师可以了解自己在这些方面的表现，并在此基础上进行有针对性的改进和提升。评价也能够为学校提供重要的信息。学校是提供音乐教育的机构，对于学校来说，了解教学水平和质量是非常重要的。定期评价可以为学校提供直观的数据和信息，让学校能够对整体教育教学水平进行评估和衡量。

评价可以揭示出学校教师的优势和不足，学校可以根据评价结果了解自身的教育教学状况，在发现问题的同时，也能够及时采取相应的改进措施。评价还可以帮助学校了解教师的教学意愿和教学风格，有针对性地进行师资培养和教师团队建设。评价不仅对教师和学校有益，对于学生也是有积极意义的。学生是教师的直接受益人，他们能够最直观地感受到教学的效果。定期的评价可以让学生参与到教师的评价过程中，让他们对教师的教学进行反馈。学生的意见和建议能够帮助教师了解学生的需求和期望，让教师更好地满足学生的学习需求。通过评价，学生和教师之间的互动和沟通得以增加，可以有效提高教师的教学效果和学生的学习动力。

此外，评价也有助于推动教育教学的改革。通过对教师的评价，可以发现教师教学中可能存在的问题和缺陷，进而推动教育教学的改进和创新。教育是一个不断更新的领域，评价可以促使教师不断反思和学习，不断探索新的教育教学方法和策略，以适应时代的发展和需求的变化。评价还能够分享教育教学的先进经验和成功案例，推动教育教学的持续发展。

对于家长而言，孩子的音乐学习评价结果是其了解孩子在音乐学习方面进步和不足的重要依据。通过评价结果，家长可以全面了解孩子在音乐学习中的表现，包括孩子在音乐知识掌握、技能水平和音乐素养等方面的具体情况。这有助于家长更好地把握孩子的学习状况，从而有针对性地提供支持和帮助，确保孩子在音乐学习上取得更好的成绩。评价结果可以帮助家长了解孩子在音乐学习中的优点。每个孩子都有自己独特的天赋和兴趣，音乐学习评价结果能够揭示孩子在音乐方面的潜能和优势。例如，孩子在音乐听力、节奏感、音准等方面可能表现出较高的天赋，家长可以通过评价结果发现这些优点，并在此基础上为孩子提供更多相关的机会和资源，让孩子得以充分发挥自己的特长。评价结果还能够让家长清楚孩子在音乐学习中的不足之处。每个孩子在音乐学习过程中都可能存在一些问题和困难，评价结果可以帮助家长发现这些问题，并提供有针对性的指导和支持。例如，孩子在某个音乐技能上存在短板，或者在音乐理论知识方面掌握不够扎实，家长通过评价结果找出孩子的具体问题，寻找合适的解决方案，如请教专业老师、购买辅导资料或参加音乐培训班等，帮助孩子克服困难，提高音乐学习水平。评价结果还可以促进家长与孩子之间的沟通。家长可以根据评价结果与孩子探讨音乐学习中的问题，了解孩子的学习和兴趣爱好，引导孩子制定合理的学习计划和目标。同时，家长还可以鼓励孩子表达自己在音乐学习中的感受和困惑，帮助孩子建立自信心，培养积极向上的学习态度。通过这种方式，家长与孩子之间的亲子关系将更加和谐，有利于孩子音乐学习的持续发展。

评价结果对于教育孩子的方式和方法也具有指导意义。不同的孩子在音乐学习上存在不同的特点和需求，家长可以根据评价结果采取合适的教育方法。例如，对于音乐天赋较高的孩子，家长可以提供更多高层次的音乐学习资源，鼓励孩子参加各类音乐比赛和演出，锻炼孩子的综合素质；对于音乐基础较差的孩子，家长可以注重培养孩子的兴趣，从简单的音乐知识入手，逐步提高孩子的音乐素养。另外，评价结果还有助于家长关注孩子在音乐学习过程中的心理变化。音乐学习不仅是一种技能培养，更是一种情感体验。孩子在音乐学习过程中可能会遇到挫折和压力，家长可以通过评价结果了解孩子的心理状态，及时给予关心和支持，帮助孩子克服心理障碍，保持积极的学习态度。

评价结果还可以为教育部门和相关机构提供重要的决策依据。教育是国家的根本，是民族发展的重要基石。在全面深化教育改革、推动教育现代化的过程中，音乐教育作为素质教育的重要组成部分，其地位和作用日益凸显。然而，音乐教育的质量和水平如何，是否存在问题，这些问题又该如何解决，这些都是教育部门和相关机构需要关注和思考的问题。因此，对音乐教育进行评价，不仅有助于教育部门和相关机构了解音乐教育的现状，而且对于指导音乐教育的未来发展、推动音乐教育的改革具有重要的意义。通过评价，教育部门和相关机构可以了解音乐教育的发展状况。音乐教育的发展是一个长期的过程，需要教育部门和相关机构进行持续的关注和监测。通过评价，可以了解音乐教育的现状，了解音乐教育的成果和问题，从而为教育部门的决策提供依据。

评价结果还可以帮助教育部门发现问题。音乐教育的质量和水平是一个复杂的问题，它涉及教育的内容、资源等多个方面。通过评价，可以发现音乐教育中存在的问题，比如教育资源的分配是否均衡、教育方法是否科学、教育内容是否合理等。这样，就可以有针对性地制定解决方案，推动音乐教育的改进。评价结果可以指导教育部门制定政策和规划。音乐教育的改进需要系统的规划和政策的指导。通过评价，可以了解音乐教育的需求，了解社会的期望，从而制定出更加科学合理的政策和规划。比如，如果评价结果显示音乐教育的资源分配不均衡，那么可以制定相关政策，调整资源的分配，以实现音乐教育的公平。

要想真正发挥评价的作用，还需要注意以下几点。首先，评价应该具有科学性和公正性。评价的科学性要求在评价的过程中，要采用科学的方法，比如数据分析、问卷调查等，以确保评价结果的真实和准确。评价的公正性要求在评价的过程中，要公正无私，避免人为的因素干扰评价结果。其次，评价应该具有全面性和发展性。评价的全面性要求在评价的过程中，要全面考虑音乐各个方面，比如教育内容、教育方法、教育效果等。评价的发展性要求在评价的过程中，要注重音乐教育的发展，不仅要评价其现状，还要预测其未来。最后，评价还应该具有参与性和互动性。评价的参与性要求在评价的过程中，要让所有的利益相关者都能参与进来，比如学生、教师、家长、教育管理者等。评价的互动性要求在评价的过程中，要进行充分的交流和互动，以确保评价结果的接受和实施。

（四）促进学生的自我认知和自我提升

在音乐教育教学的全过程中，教师不仅关注学生音乐技能和知识的成果，更注重培养他们的自我认知和自我提升的能力。这种教育理念贯穿于音乐教育的每一个环节，尤其是评价环节，它不仅是学生音乐成果的展示，更是他们自我发现、自我提升的重要途径。评价让学生更深入地了解自己的音乐水平。每个人都有自己的音乐才华和潜能，通过评价，学生可以明确自己的优势和不足，了解自己在音乐技能、鉴赏、创作等方面的表现，进而调整自己的学习方向和目标。这样的自我认知不仅有助于激发学生的学习兴趣和动力，也为他们未来的音乐发展提供了明确的方向。评价过程中的互动和参与也有助于培养学生的合作意识、创新精神和审美能力。评价不仅是个人的学习成果展示，也是集体智慧的结晶。通过与同学、教师的互动和交流，学生可以了解不同的音乐观点和审美体验，拓宽自己的音乐视野，培养自己的创新能力和审美素养。这样的评价过程不仅可以提高学生的音乐素养，也可以为他们未来的学习和生活打下坚实的基础。此外，评价也是学生自我提升的一种方式。对于评价过程中发现的问题和不足，学生可以寻求教师的帮助和指导，获得有针对性的建议和反馈。同时，学生也可以通过自主学习和练习来提高自己的能力。例如，他们可以通过观看教学视频、阅读相关书籍、参加音乐活动等方式来弥补自己的不足，提升自己的音乐技能和知识。除了寻求教师的帮助和指导，学生还可以通过自我反思和总结来提升自己。评价不仅是对过去的总结，也是对未来的规划。学生可以通过分析自己的表现和成果，找出自己在音乐学习中的问题，并制订相应的改进计划。这样的自我反思和总结不仅有助于学生的自我提升，也有助于他们形成良好的学习习惯和方法。

二、音乐教学评价的评价内容与方法

（一）学生的音乐技能表现

学生的音乐技能表现是音乐教学评价的重要内容之一。它涵盖了学生在歌唱、演奏、指挥、音乐创作等领域的技能水平。在评价学生的音乐技能时，教师可以通过观察学生的现场表演、练习作品以及协作演奏等方式进行。此外，音乐技能比赛、音乐考试等更为系统的评估方式也可以被用于对学生的音乐技能进行评价。具体来说，歌唱技能的评价包括对音准、节奏、音色、情感表达等方面的评估；演奏技能的评价则关注学生的乐器操作能力、音色控制、配合度等；指挥技能则需要考虑节拍的稳定、手势的准确性、对乐曲的理解程度；而音乐创作则着重考查学生的创新思维、和声运用、旋律编写等能力。

（二）学生的音乐素养和情感表达能力

音乐素养和情感表达能力是音乐教育中不可忽视的重要方面。学生不仅需要掌握音乐基础知识，如乐理、音阶、音调等，还应该具备一定的音乐历史和文化素养，能够欣赏和评价不同音乐风格的作品。这样的评估可以通过音乐知识测试、音乐欣赏报告、音乐评论写作等多种方式进行。

学生对音乐基础知识的掌握是评价音乐素养的重要指标之一。乐理知识是学生学习音乐的基石，包括音符、节拍、音阶等内容。学生应该能够正确辨别乐谱上的音符和符号，理解音乐作品的节奏和结构，运用乐理知识分析和演奏音乐作品。此外，对不同音乐风格的了解也是音乐素养的一部分。学生应该能够辨别不同音乐类型的特点和风格，了解它们的发展和演变过程。只有掌握了这些基础知识，学生才能对音乐作品进行准确评估和解读。音乐欣赏和评价能力也是评价音乐素养的重要方面。学生应该具备欣赏不同音乐风格作品的能力，包括古典音乐、民族音乐、流行音乐等。他们应该能够听出音乐作品中的旋律、和声、节奏等要素，分析它们的特点和运用方式。此外，学生还应该能够用正确的音乐术语来描述和评价音乐作品。通过音乐欣赏报告和音乐评论写作等方式，学生可以展示自己对音乐作品的理解和感受，同时也可以提高自己的表达能力和批判思维。除了音乐素养，情感表达能力也是音乐教育中需要重视的一个方面。音乐是一种情感的表达，它能够触动人的内心，传递情感和情绪。因此，学生需要学会用音乐来表达自己的情感和情绪，与听众产生共鸣。这需要他们把握音乐作品中的情感表达要素，如音色、演奏技巧、音乐动态等，准确地演绎出作品所要传达的情感。同时，学生还需要通过自己的音乐创作来表达内心的情感以及与他人进行合作演奏等方式来磨炼情感表达能力。评价学生的音乐素养和情感表达能力应该是综合考虑的，既要考察他们的音乐基础知识和音乐欣赏能力，又要关注他们的情感表达和创造能力。教师可以通过学生的乐器演奏、音乐表演、合作创作等方式来评估他们的音乐素养和情感表达能力。例如，学生可以进行乐器演奏比赛，展示自己的技巧和演绎能力；他们也可以参与音乐剧、合唱团等表演活动，展示自己的情感表达能力和合作能力。此外，教师还可以组织学生进行音乐创作比赛，鼓励他们以音乐的方式来表达自己的情感和独特的创造力。

（三）学生对音乐文化的理解和鉴赏能力

在音乐教学的过程中，学生对音乐文化的理解和鉴赏能力占据了重要的地位，这一点在教学评价中得到了明确的体现。具体来说，这涉及学生对于来自不同地域、展现不同风格以及不同历史时期的音乐文化的认知程度和理解深度。对于教师而言，他们需要采取多种方式，诸如音乐文化知识测试、音乐文化鉴赏报告以及音乐文化演讲等，来全面了解和评估学生在音乐文化理解和鉴赏方面的掌握程度。音乐文化知识测试是一种传统的评估方式，它可以帮助教师了解学生的基础知识储备。这种测试通常包括乐理知识、音乐术语、音乐家及其作品、音乐历史发展等内容的考查。通过这种测试，教师可以直观地了解到学生在音乐文化方面的知识结构以及他们在不同领域的掌握程度。这对于教师进一步制订教学计划，有针对性地提升学生的音乐文化素养具有重要的指导意义。音乐文化鉴赏报告是一种更加注重学生实践能力的评估方式。学生需要通过对某一首歌曲、一部作品或一种音乐风格的研究，撰写出详细的鉴赏报告。在这个过程中，学生不仅需要对音乐本身的旋律、节奏、和声等方面进行分析，还需要深入了解作品的背景、作者的创作意图以及作品的历史地位等信息。这样的评估方式有助于提升学生对音乐文化的深入理解和鉴赏能力。音乐文化演讲则是一种能够充分展示学生表达能力和思维能力的评估方式。学生就某个音乐文化话题进行演讲，这不仅考验他们的知识储备，更考验他们的逻辑思维和语言组织能力。通过这种方式，教师可以了解学生对文化的理解和思考，同时也能锻炼学生的公众表达能力。

　　除了以上几种方式，教师还可以通过课堂讨论、音乐会观摩、音乐作品创作等途径，来丰富学生的音乐文化体验，提升他们的理解和鉴赏能力。在这个过程中，教师应注重引导学生主动探索、发现问题，培养他们的独立思考和批判性思维能力。

（四）学生的创造性思维和创作能力

学生的创造性思维和创作能力被视为核心价值之一，因此，学生的创造性思维和创作能力是音乐教学评价的重要内容之一。这不仅包括学生在音乐创作方面的创新能力，如歌曲创作、旋律编写、和声选择等，还包括对音乐的改编和组合能力。这些能力不仅对学生的音乐学习有着重要的推动作用，而且对学生的全面发展也有着深远的影响。在音乐教学中，教师可以通过观察学生的音乐创作作品、改编作品以及音乐组合设计等方式，评估学生的创造性思维和创作能力。这些作品不仅可以展示学生的创新思维、审美观念和团队合作能力，还可以反映出学生对音乐的感知和理解。教师需要给予学生足够的空间和机会去尝试、探索和创新，让他们在音乐的世界里自由地表达自己的想法和情感。在评估学生的音乐创作时，教师需要关注学生的创作过程，而不是仅仅关注他们的作品结果。因为创造性思维和创作能力的培养是一个过程，需要学生不断地尝试、反思和改进。教师可以通过提问、讨论、示范等方式引导学生去思考、去尝试新的创作方法，这样可以帮助学生更好地理解音乐创作的规律和方法，提高他们的创作能力。此外，教师还需要关注学生的团队合作精神。在音乐创作中，学生需要相互合作、相互支持，共同完成作品。这种团队合作能力的培养对学生的未来发展有着重要的影响。通过音乐创作，学生可以学会如何与他人沟通、如何倾听他人的意见、如何协商解决问题，这些能力在未来的学习和工作中都是非常重要的。

（五）评价方法

评价方法包括观察、测验、演示、评分等。为了全面评价学生的音乐学习效果和教师的教学质量，需要采用多种评价方法。其中包括观察学生的课堂表现和技能练习，测验学生的音乐知识和技能，演示学生的音乐表演和创作作品，对学生的音乐作品和考试进行评分等。这些评价方法可以单独使用，也可以结合使用，以获得更为全面和准确的评价结果。除了以上提到的观察、测验、演示和评分等方法，教师还可以鼓励学生进行自我评价和互相评价，以促进他们自我反思和互相学习。这些评价方法不仅可以用于评估学生的学习成果，还可以用于监测教师的教学质量，为教学改进提供依据。

三、音乐教学评价与反馈机制的建立与完善

（一）设立专门的评价与反馈机构

在建立这些评价与反馈机构之前，学校需要首先确定评价的目的和内容。评价的目的可以包括了解学生的学习情况和进展，评估教师的教学质量，改进教学方法和课程设置等。评价的内容可以包括学生的音乐表现、

乐理和技能掌握情况等方面。评价标准的制定需要充分考虑音乐教学的特点和要求，同时参考相关的国家教育政策和音乐教学大纲。评价标准应该明确具体，能够客观地衡量学生的学习成果和教师的教学效果。评价标准可以分为定性和定量两个方面，既考虑学生的音乐表现和创造性，也考虑学生的知识掌握和技术技能。评价活动的组织实施需要精心设计和安排。可以通过课堂观察、作业和考试等多种方式来收集学生的学习情况，并对学生进行评价。评价活动应该具有一定的周期性和连续性，以全面了解学生的学习情况和进展。对评价结果的分析是评价与反馈的重要环节。可以将评价结果进行统计和分析，得出学生整体表现的概况和趋势，找出学生在音乐学习过程中存在的问题和困难。同时，还可以对不同年级、班级和个别学生的评价结果进行比较和分析，以便更好地指导教师的教学工作。针对评价结果，评价与反馈机构应该向教师提供及时、具体、有效的反馈和建议。反馈和建议可以包括教学方法的改进、教材和资源的优化以及教师个人能力的进一步提升等方面。评价与反馈机构可以与教师进行一对一的交流和沟通，为教师提供有针对性的指导和支持。此外，值得注意的是，评价与反馈机构应该与教师职业发展和培训机构紧密配合。评价结果和建议可以作为教师职业发展和晋升的参考依据，同时也可以为培训机构提供有针对性的培训内容和方式。为了提高评价的客观性、公正性和权威性，学校可以邀请音乐教育专家、学者和实践者共同参与音乐教学评价与反馈工作。他们可以作为评价专家，参与评价活动的设计和实施，并对评价结果进行审查和确认。他们的专业知识和丰富经验可以为评价活动提供更充分的支持和指导。

（二）定期进行音乐教学评价和反馈

音乐教学评价对于提升教学质量和促进学生音乐素养的发展至关重要。因此，定期进行音乐教学评价和反馈是十分必要的，可以确保教学工作的持续改进。评价的形式可以多种多样，包括课堂观察、学生作品展示、音乐表演、理论知识测试等。通过这些评价方式，教师可以全面了解学生的学习情况，包括他们的学习过程、成果以及音乐素养和创新能力的发展状况。在评价过程中，教师应关注学生的学习过程，包括他们的参与度、合作精神、思考能力等，以便全面了解学生的音乐学习情况。同时，教师还应注重培养学生的音乐素养和创新能力，通过多种方式激发他们的学习兴趣和创造力，使他们能够更好地理解和感受音乐的魅力。评价结果应及时反馈给教师和学生，以便他们了解自己的优点和不足。教师可以通过评价结果调整教学策略和方法，使之更符合学生的学习需求和特点。学生则可以通过反馈了解自己的学习状况，从而调整学习方法和目标，进一步提高自己的音乐素养。通过定期进行教学评价和反馈，教师和学生可以不断发现教学中存在的问题和不足，及时调整教学策略和方法，从而不断提高教学质量和水平。

（三）分析评价结果，制定个性化的教学计划和辅导方案

音乐教学评价与反馈的目的是提高教学质量，因此，学校和教育部门应认真分析评价结果，找出存在的问题和不足，并制定个性化的教学计划和辅导方案。评价结果较好的方面，应继续加以巩固和发扬，以确保这些优势能够持续发展。对于评价结果较差的方面，应深入分析原因，找出问题所在，并制定相应的改进措施。学校和教育部门应积极寻求专业的音乐教育专家和教师的建议和指导，制定更加科学、有效的教学计划和辅导方案。此外，学校还应根据学生的个体差异，制定个性化的教学计划和辅导方案，以满足不同学生的学习需求。学生的音乐素养、学习风格、兴趣爱好等都存在差异，因此学校应制定符合学生特点的教学计划和辅导方案，以促进每个学生的音乐素养发展。在制定个性化教学计划时，教师应充分了解每个学生的特点和学习情况，为他们提供更具针对性的教学指导和支持。同时，学校和教育部门也应提供多样化的音乐课程和活动，以满足不同学生的兴趣和发展需求。这些课程和活动可以包括音乐理论课程、表演实践、创作比赛、音乐讲座等，以激发学生的音乐兴趣和创新精神，促进他们的全面发展。

（四）学生、教师和家长之间的沟通和交流

在音乐教学评价与反馈过程中，学生、教师和家长之间的沟通和交流是至关重要的。这种沟通和交流不仅有助于增进彼此之间的理解和信任，

还能够促进家校合作，共同关心和支持学生的音乐学习。为了确保沟通和交流的顺畅，学校应定期召开家长会、学生座谈会等。在这些会议上，教师可以及时传达评价结果和教学计划，让家长了解学生在学校音乐学习方面的表现和进展。同时，教师也应倾听学生和家长的意见和建议，了解他们对音乐教学的看法和期望。通过家长会和学生座谈会，教师和家长可以共同探讨如何更好地支持和鼓励学生进行音乐学习。家长可以了解学校的教学计划和辅导方案以及如何在家中为学生提供更好的音乐学习环境和支持。教师则可以了解家长的期望和需求，从而更好地调整教学方法和内容。此外，教师还应关注学生的心理健康，帮助他们树立信心，克服困难，不断提高音乐素养。在音乐教学过程中，学生可能会遇到各种挑战和困难，教师应关注学生的情绪变化，给予心理支持和鼓励，帮助他们建立积极的学习态度和自信心。

（五）通过评价和反馈激发学生的学习动力

音乐教学评价与反馈最终目的是激发学生的学习动力，提高他们的音乐素养。因此，在评价过程中，教师应注重激励学生，充分发挥评价的导向和激励作用。对于表现优秀的学生，教师应及时给予表扬和奖励，激发他们的学习兴趣和自信心。表扬和奖励可以是对学生的学习成绩、努力程度或者在音乐表演中的出色表现给予肯定。这样不仅能够激励学生继续保持和提升自己的音乐素养，还能够培养他们的自我价值和成就感。对于表现较差的学生，教师应鼓励他们不要气馁，帮助他们找到问题的原因，指导他们改进学习方法，提高学习效果。教师可以通过一对一的辅导、提供额外的学习资源或者组织小组讨论等形式，帮助学生克服学习困难，提升他们的音乐素养。同时，教师还应鼓励学生积极参与音乐教学活动，如课堂讨论、音乐表演、创作比赛等。通过参与这些活动，学生可以更好地理解和感受音乐的魅力，激发他们的学习动力和参与热情。

第八章

中小学音乐教育教学团队的建设与管理

一、音乐教育教学团队的构建与发展路径

建设一个优秀的音乐教育教学团队对于中小学音乐教育的发展至关重要。团队成员的选择和团队的发展路径是构建一个成功团队的关键。团队的核心成员应包括具有丰富教学经验和专业知识的音乐教师以及对音乐教育有热情和动力的年轻教师。优秀的音乐教师应该具备丰富的教学经验，能够准确理解学生的需求，灵活运用各种教学方法培养学生的音乐素养和表现能力。年轻教师则可以带来新鲜的思维和创新观念，通过他们的热情和动力，激发整个团队的活力和创造力。根据教师的专业特长和教学需求，确定团队的专业岗位。岗位可以包括教研组长、教学设计师、顾问等。教研组长负责组织和指导团队成员进行教研活动，推进教学方法和教

学内容的创新和提高；教学设计师负责制定音乐教学的课程和教材，确保教学的连贯性和有效性；顾问则通过专业知识和经验为团队提供咨询和指导。每个岗位都有明确的责任和任务，团队成员应根据自己的特长和兴趣进行选择，确保团队工作的高效和有序。然后，建立团队的发展路径。团队成员应通过持续的教学培训和专业发展来提高自己的教学水平。可以组织专业讲座、研讨会和培训课程等，提供音乐教育的最新理论和实践知识。团队成员应该积极参与这些培训活动，不断学习和更新自己的知识和教学方法，以适应不断变化的音乐教育需求和学生的需求。通过组织团队活动，增进团队成员之间的沟通和合作，建立良好的团队氛围。可以组织一些音乐会、展览、比赛等活动，让团队成员有机会展示自己的才华和成果，加深彼此的了解和共鸣。同时，鼓励团队成员分享教学经验和教材资源，形成共同成长和共享的氛围。可以通过定期的教学经验交流会或者团队成员之间的互动平台来实现这一目标。通过这些活动的开展，可以加强团队成员之间的互信和合作意识，促进团队整体水平的提高。

二、音乐教育教学团队的培训与交流机制

为了提高团队的整体水平，建立一个有效的培训与交流机制是必不可少的。定期的团队培训会议是提升团队能力的重要方式。可以邀请行业内的专家和顾问来举办讲座和指导，分享最新的教学方法和教材资源。同

时，团队成员也可以定期组织内部的培训，分享自己的教学经验和心得，通过教学案例的分析和反思，提高自身的教育能力和教学水平。这样的培训不仅可以帮助团队成员更新知识，还能激发他们的创新精神，使他们在教学实践中不断尝试新的教学方法和手段。开展专题研讨会和研究项目也是提升团队能力的重要方式。团队成员可以根据自己的兴趣和专长，选择音乐教育领域内的研究课题，开展深入研究，并在与其他成员的交流和分享中，不断提高自己的研究能力和创新能力。这样的研究项目不仅可以增强团队成员的理论素养，还能促进他们对音乐教育的深入理解和认识。

利用网络平台进行在线培训和交流也是未来教育的发展趋势。可以建立一个专门的音乐教育教学平台，提供在线培训课程、教学资源和交流讨论的平台。通过网络，团队成员可以更方便地与其他地区的教师和专家进行交流和合作，分享各自的教学经验和研究成果，从而拓宽自己的视野，丰富自己的教学方法。同时，通过网络平台，也可以实现远程教学和在线辅导，提高音乐教育的普及性和便利性。

鼓励团队成员参加国内外的教学研讨会和学术会议也是促进团队发展的重要途径。通过参加这些会议，团队成员可以了解最新的教育动态和教学方法，与其他教师和专家进行面对面的交流和合作，这将极大地拓宽他们的视野和思路，为他们带来更多的教学灵感和创新动力。此外，定期的团队建设活动也是提升团队凝聚力和合作精神的重要方式。这些活动可以包括团队旅行、户外拓展、团队游戏等，旨在增强团队成员之间的相互了解和信任，提升他们的团队合作精神和沟通能力。

三、音乐教育教学团队的管理与激励

音乐教育教学团队的管理与激励是一个重要环节，它关系到团队的凝聚力、效率和成员的积极性。有效的管理与激励机制能够促进音乐教育教学团队的健康发展，提高教学质量，培养出更多的音乐人才。建立明确的目标和任务是音乐教育教学团队管理的基础。一个团队如果没有明确的目标和任务，就会像无头苍蝇一样，失去了前进的方向。因此，作为团队管理者，需要明确团队的宗旨，制定出具体的短期和长期目标。这些目标应当是具有挑战性的，但又是可实现的，能够让团队成员有成就感和归属感。同时，要将这些目标分解到每个成员的岗位上，使每个成员都清楚自己的职责和任务，明白自己的工作对团队目标的贡献。提供良好的工作环境和条件是音乐教育教学团队管理的关键。良好的工作环境不仅能提高工作效率，也能使团队成员感到舒适和满足。这包括提供充足的教学资源，如音乐教材、乐器、音响设备等，以及宽敞的教学场地。同时，要保证团队成员有足够的时间和精力投入到教学工作中，避免过多的非教学负担，如形式主义的表格填写、会议等。此外，注重个人发展和晋升机制是音乐教育教学团队管理的重点。教师作为团队成员，除了希望能在工作中实现团队的目标，更希望个人的职业能够得到发展。因此，作为团队管理者，应当建立起一套完整的教师职业发展和晋升机制，使优秀的教师能够得到更多的晋升机会。同时，要定期组织培训和学习，让教师能够不断地学习新的知识和技能，提高自己的教学水平。

激励机制也是音乐教育教学团队管理的重要组成部分。激励可以通过多种方式进行，如经济激励、精神激励、职务激励等。对于音乐教师来说，精神激励尤为重要，可以通过表彰、颁发荣誉证书等方式，使教师感受到自己的工作得到认可和尊重。

第九章

中小学音乐教育教学的实践案例和经验分享

一、理论与实践相结合的教学模式分析

在当今社会，音乐教育已经成为中小学课程体系中不可或缺的一部分。通过音乐教育，不仅能够培养学生的音乐素养，还能提高他们的审美情趣，塑造健全的人格。然而，要提高音乐教育的质量，让学生在轻松愉快的氛围中学习音乐，这对于众多音乐教师来说是一项巨大的挑战。为了解决这个难题，理论与实践相结合的教学模式成为一种有效路径。这种教学模式强调在音乐教学中，既要重视理论知识的传授，又要注重实践技能的培养。具体来说，音乐教师应该根据学生的年龄特点和认知水平，有针对性地进行理论知识的教学，使学生能够掌握音乐的基本原理、技巧和方法。理论知识的教学可以通过结合具体的乐曲进行分析来实现，例如，教

师可以选择一首经典的音乐作品，让学生在聆听的过程中感受到音乐、结构和表现手法。这样的教学方法可以帮助学生更好地理解音乐的内涵和外在表现形式。

除了理论知识的传授，音乐教育还应该注重培养学生的实践技能。教师应该注重亲身示范，并引导学生亲自动手实践，以便帮助他们纠正在演奏过程中可能出现的错误。通过这样的实践性教学，学生可以更好地理解各种演奏技巧，并逐渐提高自己的演奏水平。音乐教育还可以通过组织学生参加各种音乐活动来提高音乐素养。例如，学校可以组建合唱团、乐队或者参加民族音乐表演等活动。通过参与这些活动，学生不仅可以提高自己的表演技巧，还可以培养协作能力和团队精神。这样的音乐活动不仅可以让学生在实践中提高自己的技能，还可以丰富学生的音乐体验，让他们更深入地理解和欣赏音乐。除了教师的教学方法，课堂氛围也是影响音乐教育质量的重要因素。教师应该创造一个轻松、愉快的氛围，让学生在音乐学习中感受到乐趣和兴趣。教师可以通过一些互动的教学方式来激发学生的学习兴趣，例如，可以设计一些音乐游戏，让学生在游戏中学习和巩固知识。此外，教师还可以鼓励学生主动参与音乐讨论，分享自己的音乐体验，促进学生之间的交流和互动。此外，音乐教育的质量还与家庭、社区的支持紧密相关。音乐教育应该与家庭和社区配合，形成良好的合作机制。学校可以组织一些音乐活动，让学生与家庭成员一起参与，例如，举办亲子合唱比赛、音乐会等。这样不仅可以增进学生与家庭的感情，还可以让家长更加了解学校的音乐教育，并支持孩子们在音乐方面的发展。

二、解决实际问题的案例分享与讨论

在教育教学过程中，教师常常面临各种实际问题，这些问题可能涉及学生的学习兴趣不浓、课堂氛围不活跃等。为了解决这些问题，教师需要不断寻找方法和策略，以激发学生的学习兴趣，提高课堂的活跃程度。在某中学音乐教师的案例中，学生对音乐课程的兴趣较低，课堂氛围较为沉闷。为了改变这种状况，该教师采用了一系列的方法来激发学生的学习兴趣。

首先，教师注重运用生动形象的语言，通过形象、丰富的比喻来讲解音乐知识，使得学生能够更加直观地理解和感受音乐的魅力。其次，教师运用有趣的教学故事和情境来引起学生的兴趣，让他们积极参与到课堂中来。例如，教师可以讲述一些音乐家的故事，或者通过音乐和舞蹈的结合来展示音乐的魅力。最后，教师运用了丰富的教学手段，如展示音乐视频、进行音乐欣赏和演奏等活动，来提高学生的学习积极性。通过这些方法的应用，该教师成功地提高了学生对音乐课程的兴趣，使得课堂变得生动活泼。

在另一乐器教学的案例中，教师发现部分学生对乐器的掌握速度较慢，这不仅影响了这些学生个体的学习进展，也影响了整体的教学进度。为了解决这一问题，教师制定了一套分层教学方案。首先，针对学习进度较快的学生，教师增加了一些高难度的曲目，提高他们的演奏水平。通过给这些学生提供更高难度的曲目，教师可以进一步挑战他们的技巧和能力，促使他们持续地进步和学习。其次，对于学习进度较慢的学生，教师采用了耐心指导的方式，帮助他们克服困难，逐步提高演奏能力。教师可以利用个别辅导的时间，与这些学生进行面对面的指导和训练，帮助他们克服技巧上的困难，并逐渐提高他们的演奏水平。通过这种分层教学的方式，学生的演奏水平得到了整体的提高，学生之间的差距也逐渐减小。

除此之外，教师在教育教学过程中可能还会遇到其他各种实际问题，教师都需要积极寻找解决问题的方法和策略。其中，分享与讨论实际问题是一种非常有益的方式。通过与其他教师分享并讨论自己在教育教学过程中遇到的问题，教师可以得到新的思路和启发，并从中学习到解决问题的方法。教师可以通过在专业组织或其他教育交流平台上与其他教师进行交流，分享彼此的教学经验和研究成果。通过这样的交流与分享，教师们可以相互借鉴经验，共同解决实际问题，不断提高自己的教育教学能力。

在分享与讨论实际问题时，教师需要注意以下几点。首先，教师应该充分尊重他人的观点和意见。每个教师都有自己的教学理念和方法，尊重他人的观点可以促进交流和合作。其次，教师应该积极参与讨论，展示自己的想法和经验，并虚心倾听他人的意见和建议。通过积极参与讨论，教师可以拓宽自己的思路，学习到更多解决问题的方法。最后，教师应该将讨论的成果付诸实践，并及时总结和反思。教师可以将自己在讨论中得到的启发和经验应用到自己的教学工作中，进一步提高自己的教育教学能力。

三、教育教学资源与技术的案例应用

随着科技的飞速发展，音乐教育中教学资源和技术的应用已经达到了一个非常广泛和深入的程度。教师通过合理利用这些资源和技术，可以大大提高音乐教育的质量，激发学生的学习兴趣。

一个成功的案例就是某小学音乐教师在教学过程中运用了多媒体技术。教师通过利用多媒体课件，为学生提供了丰富多样的视觉和听觉体验。在教授乐曲的时候，教师通过播放课件的方式，向学生介绍乐曲的背景、作者以及演奏技巧等重要信息。同时，通过利用多媒体技术展示乐器的图片和演奏视频，学生可以更加直观地了解乐器的特点和演奏方法。这种教学方式不仅激发了学生的学习兴趣，还显著提高了教学效果。

另一个案例是在音乐实践活动中，教师利用网络资源组织学生进行线上交流和合作。在组织合唱团活动的时候，教师通过网络平台，让学生上传自己的演唱视频，让彼此之间互相评价和学习。此外，教师还邀请专业音乐

人士进行线上讲座，让学生接触到更多的音乐知识和技巧。通过利用网络资源，学生可以在轻松愉快的氛围中提高自己的音乐水平。

音乐教育中还可以运用很多其他的资源和技术，以提升教学效果。比如，利用音频和视频录制设备，学生可以录制自己的音乐作品或演奏视频，在欣赏和反思中提高自己的表现能力。利用教育软件和应用程序，教师可以设计出丰富多彩的互动课程，让学生在参与中学习。利用虚拟现实和增强现实技术，可以为学生创造更加沉浸式和真实感的音乐体验。所有这些资源和技术的应用都可以帮助教师更好地达到教学目标，同时提高学生的学习效果和体验。然而，教学资源和技术的应用并非一蹴而就，教师在应用过程中还可能会面临一些挑战和困难。教师需要具备一定的科技素养和操作技能，才能熟练地应用这些资源和技术。教师还需要投入相应的时间和精力去研究和设计教学资源，并不断学习和更新科技知识。另外，教师还需要考虑资源和技术的可靠性和稳定性以及学生在使用过程中可能遇到的问题和困扰。因此，在推广和应用教育教学资源和技术的同时，也要重视教师的培训和支持，为他们提供必要的帮助和指导。

第十章

中小学音乐教育教学的未来发展趋势与展望

一、多元文化与跨学科整合的趋势

（一）强调传统与当代音乐教育的融合

未来的音乐教育将迎来一场深刻的变革，不再局限于某一个特定的范畴，而是将更多地强调传统与现代的融合。这种融合不仅意味着教育方式的转变，更预示着音乐教育理念的一次重大突破。在这个变革中，教学过程将发生翻天覆地的变化，教师不再仅仅是传授传统的音乐知识和技巧，而是引入现代的音乐内容，使学生能够从更全面的角度理解音乐。未来的音乐教育将不再固守传统的教育模式，而是将现代科技手段与音乐教育相结合。随着科技的进步，多媒体教学、在线学习等新型教学方式逐渐走进课堂，为音乐教育提供了新的可能。教师利用这些先进的教学工具，将音乐知识以更加生动、直观的方式呈现给学生，使学生能够更好地理解和掌握音乐知识。这些工具还能帮助学生提高音乐技能，通过反复练习和反馈，使学生能够在实践中不断提升。未来的音乐教育也将更加注重传统与现代的融合。在教学过程中，教师将引入现代音乐元素，如电子音乐、流行音乐等，以丰富教学内容，激发学生的学习兴趣。通过引入现代音乐元素，学生不仅能够接触到更多的音乐类型和风格，还能更好地理解音乐的发展历程。这样的教学方式能够帮助学生从更全面的角度认识音乐，培养他们的音乐素养和审美能力。更重要的是，未来的音乐教育将更加注重培养学生的创新意识和创造力。在传统的教学模式下，学生往往只是被动地接受知识，而忽视了自身的创造力和创新意识的培养。而在未来的音乐教育中，教师将更加注重激发学生的创新思维，通过设置开放性的问题、提供多样化的音乐素材等方式，鼓励学生进行创作和表演。这样不仅能够提高学生的音乐技能，还能培养他们的创新意识和创造力，为他们未来的发展奠定基础。未来音乐教育的另一个重要特点是更加注重实践性和应用性。传统的音乐教育往往只注重理论知识的传授，而忽视了实践的重要性。在未来的音乐教育中，教师将更加注重实践教学，通过组织各种形式的实践活动，如音乐会、演出、比赛等，使学生能够将所学的知识应用到实际中。这些实践活动不仅能够提高学生的实践能力，还能增强学生的自信心和表现力，为他们未来的职业生涯做好准备。此外，未来的音乐教育还将更加注重跨学科的融合。音乐不仅是一门艺术学科，它与其他学科如文学、历史、哲学等有着密切的联系。在未来的音乐教育中，教师将鼓励学生跨学科学习，通过与其他学科的融合，拓宽学生的知识面和视野，培养他们的综合素质。这种跨学科的学习方式能够帮助学生更好地理解音乐的内涵和价值，提高他们的综合素质和竞争力。

（二）提倡多元文化教育的重要性

在当今全球化的世界中，多元文化教育的重要性日益凸显。这种教育模式不仅关乎学术知识的学习，更是一种培养全球公民、提升跨文化交际能力的关键手段。未来的音乐教育更是将多元文化教育推向了核心位置，注重培养学生的音乐鉴赏能力和跨文化交际能力，让他们在了解和欣赏不同文化背景下的音乐形式的过程中，拓宽视野，丰富内心，从而更好地适应未来的社会环境。需要明确一点，多元文化教育并不仅仅是对不同文化的简单介绍和欣赏。它更是一种全面的教育理念，强调对不同文化背景的理解、尊重和接纳。在这个过程中，学生不仅能接触到各种不同的音乐形式，还能深入了解这些音乐背后的文化内涵、历史背景、艺术特色和人文精神。这样，他们不仅能够拓宽知识面，更能在了解和欣赏不同文化的过程中，培养出一种全球视野和开放心态。多元文化教育对于培养学生的跨文化交际能力具有重要作用。在全球化的背景下，具有跨文化交际能力的人才越来越受到社会的青睐。而多元文化教育正是培养这种能力的最佳途径。通过学习不同文化的音乐，学生能够更好地理解不同文化的价值观、思维方式和行为规范，从而在未来的社交和工作中，能够更加自如地应对各种文化冲突和差异。多元文化教育还有助于培养学生的创新意识和创新能力。在多元化的环境中，人们需要具备创新思维和创新能力，以应对不断变化的世界。通过学习不同文化的音乐，学生能够从多元化的视角看待问题，激发创新思维，培养创新能力。这种能力对于他们未来的职业发展和社会参与都具有重要的意义。当然，实现多元文化教育并非易事，需要教育者、家长和社会各界的共同努力。教育者应该更新教育观念，将多元文化教育融入日常教学中，引导学生从多元文化的视角看待问题。家长和社会各界也应该加强对多元文化教育的宣传和推广，营造一个支持多元文化教育的社会环境。此外，还应该加强多元文化教育的师资培训，提高教师的多元文化素养和教育能力，确保多元文化教育的有效实施。

（三）加强各学科之间的协同教学

　　未来的音乐教育将更加注重与其他学科的交叉融合。随着社会的发展和教育理念的变化，越来越多的人意识到音乐教育不仅是为了培养学生的音乐技能，更是为了全面发展学生的综合素质。因此，将音乐教育与其他学科进行融合，成为未来教育的一个趋势。一方面，音乐教育与文学的融合，可以帮助学生更好地理解和表达音乐中的情感和意境。通过学习文学作品，学生可以了解各种情感和故事，这对于他们在音乐中表达情感和讲述故事具有重要影响。另一方面，音乐教育也可以借鉴文学作品的艺术手法，通过演唱、演奏等方式，展现音乐作品的独特魅力。因此，在音乐教育中引入文学知识，不仅可以丰富学生的音乐素养，还可以培养他们对文学的欣赏能力。音乐教育与历史的融合，可以帮助学生更好地理解音乐作品的时代背景和社会文化。历史是音乐创作的重要参考，通过了解历史事件和社会环境的影响，学生可以更深入地理解音乐作品的含义。同时，历史知识也可以为学生提供更广阔的音乐体验，让他们能够欣赏不同时期和地区的音乐作品。因此，在音乐教育中引入历史知识，不仅可以丰富学生的音乐知识，还可以拓宽他们的视野，培养他们对历史的兴趣和理解能力。此外，音乐教育与艺术的融合，可以帮助学生培养艺术鉴赏能力和创新思维能力。艺术是音乐的姐妹学科，两者都追求表达和技巧的完美。通过学习艺术理论和欣赏艺术作品，学生可以提高对音乐作品的欣赏能力和审美水平。同时，艺术也鼓励学生进行创新和表达个性，这对于培养学生的创新思维能力和自信心具有很大帮助。因此，在音乐教育中引入艺术知识，不仅可以提升学生的音乐素养，还可以培养他们的艺术修养和审美意识。在音乐教育中引入其他学科的知识，还可以通过跨学科的教学方式来提高学生的学习兴趣和学习能力。传统的音乐教育往往是单一的教学模式，学生只需学会演奏乐器或唱歌即可。但是，对于一些对音乐没有浓厚兴趣的学生来说，这种教学方式往往比较枯燥乏味。而通过与其他学科的交叉融合，可以给学生带来更多的学习内容和挑战，激发他们的学习兴趣。例如，在学习音乐的同时，可以通过文学作品来进行创作和表演，这对于增强学生的学习动力和培养他们的创新思维能力具有重要意义。跨学科的教学方式还可以帮助学生更好地理解和运用所学知识。学科之间存在着内在的联系，通过将不同学科的知识进行整合和运用，可以帮助学生更全面地理解和掌握所学内容。例如，在学习音乐的同时，可以通过物理学原理来解释音乐的声音产生和传播规律，在学习数学的同时，可以通过音乐的节奏和音调来进行数学运算等。这种教学方式可以使学生形成知识的网络，促进知识的迁移和应用能力的提高。

二、新技术与媒体资源的应用前景

（一）利用互联网资源进行音乐教育

在当今这个信息化时代，互联网已经成为人们获取知识和信息的重要途径。特别是在音乐教育领域，互联网的普及和发展为音乐的学习、教学和创作提供了前所未有的便利。可以预见，未来的音乐教育将更加注重利用互联网资源进行教学，这不仅能够拓宽学生的学习渠道，还能够提高教师的教学质量。教师可以通过网络平台分享音乐知识和乐谱。

在传统的音乐教学中，教师主要通过课堂讲解和示范来传授知识，这种方式受限于时间和空间，难以满足不同学生的个性化需求。而利用互联网平台，教师可以随时随地分享音乐知识和乐谱，学生可以根据自己的需求和进度进行学习。此外，互联网平台还可以实现音视频直播、录播等功能，使教师能够更好地进行教学演示和互动，提高学习兴趣和效果。学生可以通过在线视频课程和音乐 APP 进行学习和练习。随着互联网技术的发展，在线教育已经成为一种趋势。学生可以通过在线视频课程学习音乐理论知识、技巧和演奏方法，这些课程通常由专业音乐教师或音乐家主讲，内容丰富、讲解清晰。同时，音乐 APP 也为学生提供了丰富的学习资源和实践机会，学生可以通过 APP 练习乐器演奏、音乐创作等，还可以参加在线音乐比赛和活动，展示自己的才华。此外，互联网还可以帮助学生与其他学生和音乐爱好者进行交流和合作。通过社交媒体、音乐论坛等平台，学生可以结识志同道合的朋友，互相学习和分享音乐经验。此外，互联网还为学生提供了与国内外知名音乐家交流的机会，学生可以通过邮件、视频等方式向音乐家请教，获得宝贵的指导和建议。这些交流和合作机会有助于拓宽学生的视野，激发他们的创作灵感，提高他们的音乐素养。在互联网环境下，音乐教育将更加注重学生的实践能力和创新精神的培养。学生可以通过网络平台参与音乐制作、演出等活动，锻炼自己的实践能力。此外，互联网还为音乐创作提供了丰富的素材和灵感，学生可以借助网络资源进行音乐创作，培养自己的创新精神。在这个过程中，学生不仅能够提高自己的音乐素养，还能够培养自己的团队协作能力和沟通能力。

然而，互联网音乐教育也存在一些问题和挑战。首先，网络环境的复杂性使得学生容易受到不良信息的影响，需要加强网络监管和引导。其次，互联网资源的丰富性可能导致学生注意力分散，需要教师和家长做好引导和监督。最后，网络教学难以替代面对面的交流和互动，教师需要善于运用互联网工具，提高教学质量。

（二）探索虚拟现实和增强现实在音乐教学中的应用

虚拟现实（VR）和增强现实（AR）技术在音乐教学中的应用领域日益广泛。未来，学生可以利用虚拟现实技术身临其境地参与到音乐表演中，从而深刻感受音乐的魅力。增强现实技术则能够增强学生对音乐的理解和欣赏，为他们提供更加直观的学习方式。虚拟现实技术可以为学生提供极具沉浸感的音乐学习体验。通过虚拟现实设备，如头戴式显示器，学生仿佛置身于音乐厅或演出现场，与乐团或乐器进行互动。他们能够通过触摸或动作感应器与虚拟乐器进行互动，实时获得乐器演奏的声音和视觉效果。这种身临其境的体验将大幅提升学生对音乐的理解和欣赏，激发他们对音乐的兴趣和热爱。虚拟现实技术还可以为学生提供更加丰富多样的学习资源。通过虚拟现实应用程序，学生可以随时随地地访问各种音乐学习资料和资源，如音乐演奏视频、音乐历史介绍和名曲解读等。这样，学生不仅可以自主选择学习内容，还可以根据自己的兴趣和需求进行个性化学习。同时，虚拟现实技术还可以模拟各种音乐场景，如音乐会、合唱团或乐队的演奏现场等，为学生提供更加真实的学习环境。另一方面，增强现实技术可以为学生提供更加直观的音乐学习和体验方式。通过增强现实应用程序，学生可以在手机或平板电脑上看到乐器的工作原理和演奏手法的实时影像，从而更加直观地理解乐器的构造和演奏方式。学生可以通过增强现实应用程序实时观察钢琴键盘的弹奏过程，或者通过增强现实眼镜观察小提琴弓的动作轨迹。这样一来，学生能够更加深入地了解音乐的构成和表现形式，提高他们对音乐的理解和欣赏。增强现实技术还可以为学生提供即时反馈和指导。通过增强现实应用程序，学生可以实时查看自己的演奏或合唱过程，并与教师进行互动和交流。教师可以通过增强现实技术监听和分析学生的演奏或合唱表现，提供有针对性的指导和建议。这种实时反馈和指导将有助于提高学生的学习效果和演奏技巧，培养他们的自信心和艺术表达能力。此外，增强现实技术还可以创造更加富有趣味性和创造性的音乐学习环境。通过增强现实应用程序，学生可以与虚拟乐器进行互动，创造出独特的音乐作品。他们可以通过触摸屏幕或动作感应器演奏他们喜欢的乐器，实时获得音乐的声音和视觉效果。这种创造性的乐器演奏体验将激发学生的创作潜力和音乐表达能力，培养他们的艺术创造力和创新精神。

（三）研究音乐软件和应用程序的发展趋势

随着科技的不断发展，音乐软件和应用程序的发展趋势也在不断变化。这些软件和应用程序不仅在音乐创作、编辑、播放等方面有着重要作用，而且也在音乐教育领域中发挥着越来越重要的作用。因此，研究音乐软件和应用程序的发展趋势对于音乐教育领域具有重要意义。随着音乐制作软件的不断更新和发展，学生们可以在软件上进行音乐创作和编曲，这将有助于培养学生的创造力和想象力。通过音乐制作软件，学生可以接触到各种音乐风格和技巧，并在实践中不断提高自己的音乐水平和技能。此外，这些软件还提供了各种实用的工具和插件，使学生可以在自己的创作中进行实验和创新。音乐教学应用程序也在不断发展，它们可以提供更加便捷和高效的学习方式。这些应用程序通常包括音乐理论和技巧的学习模块，可以帮助学生进行系统化的学习。此外，一些应用程序还提供了互动式的学习体验，使学生可以在游戏中学习和掌握音乐知识。这些应用程序还可以根据学生的学习进度和反馈进行个性化教学，从而更好地满足学生的需求。在未来，可以预见到会有更多的音乐软件和应用程序问世，并为音乐教育带来更多创新的教学方式和学习体验。这些软件和应用程序将更加注重用户体验和个性化教学，提供更加丰富和多样化的学习资源和学习方式。另外，随着互联网的普及和数字化音乐的快速发展，音乐软件和应用程序的市场竞争也将越来越激烈。为了在市场中取得优势，音乐软件和应用程序的开发者和运营商需要不断创新和改进，提供更加优质的服务和产品。

三、教育政策与社会需求对音乐教育的影响

（一）政府重视音乐教育的政策导向

在音乐教育方面，政府的政策导向至关重要。政府通过制定相关政策和计划，能够发挥引导和推动的作用，以促进音乐教育的发展。政府可以采取多种方式来支持音乐教育。政府可以鼓励学校加强音乐教育，提供更多音乐教学资源和设施。可以采取措施，鼓励学校增设音乐教室和音乐设备，提供优质的音乐教材和教具，并支持学校开展音乐课程和音乐活动。政府还可以提供资金和技术支持，帮助学校建设音乐教育资源库，促进音乐教学的多样化发展。政府可以推动音乐教育与其他学科的融合和协同发展。音乐是一门综合性的学科，与其他学科有着密切的联系。政府可以鼓励学校将音乐教育纳入素质教育的整体框架中，将音乐教育融入其他学科的教学内容中。例如，在语文课上，可以通过音乐欣赏和音乐创作来提高学生的语文能力；在社会学课上，可以通过音乐文化的学习来拓宽学生的视野。通过促进学科之间的交叉融合，能够提高学生的学习兴趣和学习效果。政府还可以制定相关政策来支持音乐教育的研究和发展。政府可以设

立资金支持项目，鼓励音乐教育从业者进行专业培训和研究。通过提供奖励和奖学金，鼓励音乐教育从业者深入研究音乐教育的理论与实践，推动音乐教育的创新和发展。政府还可以设立专门的研究机构或基金会，来推动音乐教育的研究工作，并组织专业的学术交流和研讨活动。政府也应该加强对音乐教育的监管和评估工作。通过建立一套科学的评价体系，监测和评估音乐教育的质量和内容。政府可以制定相关标准和指导性文件，明确音乐教育的基本要求和评估指标。同时，政府应该加强对音乐教师的培训和监督，确保他们具备专业的音乐教育知识和教学能力。政府还应该建立定期的检查和评估机制，对学校的音乐教育进行监督，并及时提出改进意见和建议。

（二）音乐教育与就业市场的需求关系

随着社会的发展，音乐教育与就业市场之间的关系将越发密切。学生和家长对于音乐教育的认知已经从单纯的艺术修养提升到了与就业市场需求的直接关联上。他们开始关注音乐教育对就业的影响，并期望通过音乐教育培养出具备就业竞争力的音乐人才。因此，音乐教育需要与就业市场的需求相匹配，培养出能够适应市场需求、具备专业技能和综合素质的音乐人才。未来的音乐教育需要更加注重培养学生的创新和创造力。创新是现代社会的重要特征，也是音乐艺术发展的动力。音乐教育应当鼓励学生们尝试新的音乐风格、演奏技巧和表演形式，以激发他们的创造力和想象力。通过系统的音乐教育，学生们可以掌握创新的思维和方法，这将有助于他们在未来的职业生涯中取得成功。同时，提高音乐表演和演奏技巧也是音乐教育的重要目标之一。音乐表演和演奏是音乐教育的核心内容，也是音乐人才必备的技能之一。通过系统的训练和不断的实践，学生们可以提高他们的音乐表演和演奏技巧，增强他们的自信心和舞台表现力。这些技能将有助于他们在就业市场上获得更多的机会。未来的音乐教育也需要注重培养学生的团队合作能力和跨学科思维。在现代社会，团队合作和跨学科思维是许多职业所必需的技能。音乐教育可以通过组织各种形式的团队活动，如音乐会排练、演出等，来培养学生的团队合作能力。同时，也可以通过与其他学科的交叉融合，如与文学、心理学、教育学等学科的结合，来培养学生的跨学科思维。这些技能和思维模式将有助于学生们在未来的职业生涯中更好地适应多样化的工作环境和需求。

（三）研究音乐教育与社会环境的互动关系

音乐教育作为人类文明的重要组成部分，其发展并非独立的，而是与社会环境紧密相连，相互影响，相互促进。在教育领域，音乐教育与社会环境之间的互动关系日益受到广泛关注。音乐教育既要承载学术传承的功能，又要适应不断变化的社会文化环境，这无疑给音乐教育工作者极大的挑战。音乐教育需要适应社会文化的变化和发展。音乐作为一种社会现象，与社会文化息息相关。随着全球化、信息化时代的到来，各种文化交融、碰撞，音乐教育面临着前所未有的挑战。在这种情况下，音乐教育不仅要传承本民族的优秀音乐文化，还要关注其他国家和地区的音乐成就，引导学生正确对待各种音乐文化。此外，音乐教育还应关注社会热点问题，通过音乐作品反映时代精神，引导学生树立正确的价值观。为了实现音乐教育与社会环境的互动，教师需要了解社会文化的变化，并相应地做出调整和创新。这包括两个方面：一是教师要关注音乐领域的最新动态，不断丰富自己的学术储备，以便为学生提供更多元化的音乐教育；二是教师要关注学生的需求变化，善于运用多种教学方法和手段，激发学生的学习兴趣，提高他们的音乐素养。

　　未来的音乐教育应注重培养学生的文化意识和文化自信心。在全球化背景下，具备文化意识的音乐人才更能适应国际社会的发展需求。音乐教育应通过各种教学活动，让学生了解和欣赏不同民族的音乐文化，培养他们的文化包容性和跨文化沟通能力。同时，音乐教育还要注重培养学生的文化自信心，让他们在学习过程中感受到本国音乐文化的独特魅力，从而为传播和弘扬本国音乐文化贡献力量。音乐教育还应关注学生的情感和思想表达。音乐作为一种情感载体，具有独特的表达力和感染力。音乐教育应引导学生通过音乐作品传达自己的情感和思想，培养他们的创新意识和实践能力。在这方面，教师可以鼓励学生参与音乐创作、表演等活动，让他们在实践中不断探索和尝试，提高自己的音乐表达能力。

教育者需要关注社会对音乐教育的需求，更加注重培养学生的创新和实践能力。随着社会的发展，音乐教育在人才培养方面的功能日益凸显。社会对音乐人才的需求不仅体现在学术领域，更注重其在创新、实践等方面的能力。因此，音乐教育应关注学生的综合素质培养，注重培养学生的创新思维、实践能力、团队协作精神等。

结　语

中小学音乐教育教学理论与改革探究是一个复杂而重要的课题。本书从音乐教育教学理论的发展历程入手，探讨了我国中小学音乐教育的现状，分析了音乐教育的教学改革，重点研究了音乐教育教学目标的制定与实施、内容的构建与更新、方法的探索与实践、教学资源的整合与利用、评价与反馈机制的建立、教学团队的建设与管理，并通过实践案例和经验分享，展望了中小学音乐教育教学的未来发展趋势。

音乐教育对于培养学生的审美情趣、提高综合素质具有重要意义。在音乐教育教学理论的发展历程中，音乐教育的重要性逐渐被认识，并在实践中不断得到体现。音乐教育教学理论的影响与意义，不仅体现在提高了学生的音乐素养，还在于它有助于学生的个性发展，培养创新精神和实践能力。

当前，我国中小学音乐教育的现状虽然取得了一定的成绩，但仍存在一些问题，如教育资源的分配不均、教学方法的传统化、评价机制的不完善等。因此，中小学音乐教育教学改革显得尤为迫切和必要。通过分析国内外音乐教育改革的典型案例，可以看到音乐教育改革的方向和路径，为我国中小学音乐教育教学改革提供借鉴。在音乐教育教学目标的制定与实施方面，要坚持原则与要求，明确分层次与分类，采取具体方法与策略，以确保音乐教育教学目标的实现。同时，构建与更新音乐教育教学内容，是提高音乐教育质量的关键。要注重音乐教育教学内容的结构与层次，实现多样化与跨学科整合，采取有效策略与方法，不断更新音乐教学内容。

音乐教育教学方法的探索与实践是提高音乐教育效果的重要途径。要在分析与评价传统音乐教学方法的基础上，引入与应用现代音乐教学方法，不断探索与实践，以提高音乐教育的实效。同时，整合与利用音乐教学资源，是保障音乐教育质量的重要条件。要合理评估音乐教学资源，开发与整合各类资源，制定有效的利用策略与实践。建立音乐教育教学评价与反馈机制，对于提高音乐教育质量具有重要意义。必须明确评价的目的与意义，确定评价的内容与方法，不断完善评价与反馈机制。此外，建设与管理音乐教育教学团队，是保障音乐教育质量的关键。要构建发展路径，建立培训与交流机制，加强管理与激励，提高音乐教育教学团队的整体素质。最后，通过案例和经验分享，可以看到理论与实践相结合的教学模式的重要性以及解决实际问题的案例分享与讨论的价值。

　　在未来，中小学音乐教育教学将面临多元文化与跨学科整合的趋势，新技术与媒体资源的应用前景以及教育政策与社会需求对音乐教育的影响。教育者要紧跟时代发展，不断创新与改革，为提高我国中小学音乐教育质量做出更大贡献。

参考文献

［1］葛高荣.新课标理念下小学音乐课程教学方式的改革［J］.学园，2024，17（07）：84-86.

［2］孙婧怡，郭宇.多元智能视域下中学音乐数字化教学现状梳理与反思［J］.大众文艺，2024，（02）：186-188.

［3］连妍华.小学音乐教学中审美感知的培养策略［J］.山西教育（教学），2024（01）：81-82.

［4］王昌伟.小学音乐合唱教学对学生歌唱技巧的训练探讨［J］.试题与研究，2024（02）：48-50.

［5］张映芸.小学音乐创编教育教学的实施路径探索［J］.科教文汇，2024（01）：168-171.

［6］陈乔娜.核心素养导向下的小学音乐情境化教学策略［J］.辽宁教育，2024（01）：59-61.